SOUVENIRS ET IMPRESSIONS

D'UN

VOYAGE EN ITALIE

Bénédiction du Pape.

SOUVENIRS ET IMPRESSIONS

D'UN

VOYAGE EN ITALIE

PAR

L'Abbé L. DUMOND

« Quod vidi, scripsi. »

TOURS

ALFRED CATTIER, ÉDITEUR

—

1890

VOYAGE EN ITALIE

Le lundi 7 novembre 1887, à six heures du matin, la gare de l'Est, à Paris, malgré l'heure encore matinale pour la saison, présentait une animation inaccoutumée. Deux cents voyageurs environ, tous munis de valises et de couvertures de voyage, se pressent dans la salle des Pas-Perdus de la ligne de Mulhouse, paraissant sur le point d'accomplir un assez long voyage. Ce sont des ecclésiastiques des messieurs et des dames toutes vêtues de noir, qui, en effet, entreprennent le voyage d'Italie et de Rome, et qui vont déposer aux pieds de S. S. Léon XIII, notre Pape bien-aimé, avec leurs hommages les hommages de ceux qu'ils vont représenter au Tombeau des Apôtres. J'avais le bonheur de faire partie de cette pieuse caravane, et pour conserver plus fidèlement le souvenir de tout ce que j'ai vu, des impressions que j'ai éprouvées, des beautés naturelles et artistiques qu'il m'a été donné d'admirer, je les confie simplement au papier, convaincu d'ailleurs que jamais ma mémoire n'en perdra complètement le souvenir.

A six heures trente-cinq, nous quittons Paris. Un mot de mes compagnons de voyage, bien que je ne les connaisse pas encore. Car je dois dire que je suis un intrus au milieu de ce Pèlerinage, organisé pour les diocèses de Coutances et de Bayeux. Mais mon intrusion est de courte durée, car, avec une amabilité que j'ai

été très heureux, mais non étonné de rencontrer
chez ces braves Normands, on m'accorde immédiatement droit, non de cité, mais de wagon, et me voici
naturalisé Normand pour presque un mois : *Civis
normannus ego sum.*

Je me trouve d'ailleurs tout de suite pour ainsi dire
en pays de connaissance. Outre que la contrée nor-
mande ne m'est pas tout à fait inconnue, et que je puis
leur parler *de visu* de Caen, de Bayeux, de Cherbourg,
je trouve parmi mes compagons de voyage et de com-
partiment un excellent curé normand qui, paraît-il, a
souvent entendu parler de moi, comme moi-même
d'ailleurs j'ai entendu parler de lui. Et puis, il n'y a
plus ici, ni Normands, ni Picards, il n'y a que de bons
chrétiens qui font ensemble le Pèlerinage de Rome ; et
si le train spécial qui nous emporte est composé presque exclusivement de personnes habitant le verger
de la France, la contrée que nous traversons ne ressemble guère à cette fertile province, patrie des pommes
et des gras pâturages. Elle est presque aussi stérile que
la Normandie est plantureuse : et je constate, une fois
de plus, car je suis déjà passé par là il y a six semaines, que l'on a eu raison de l'appeler « *Champagne
pouilleuse* ». Nous voyons, en passant, la capitale, la
ville de *Troyes*, et j'y reconnais, avec la flèche de
l'église Saint-Remi, la tour de la cathédrale que j'ai
visitée dernièrement, ainsi que la magnifique église
gothique de Saint-Urbain. Voici bientôt *Bar-sur-Aube*,
puis plus loin, après avoir salué en passant l'antique
monastère de *Clairvaux*, la ville de *Chaumont*, précédée
de son beau viaduc. Je donne en passant un souvenir
à son église intéressante de Saint-Jean-Baptiste, avec
ses portails latéraux si gracieux, à sa vieille tour du
xie siècle, à sa belle promenade de Boulaingrin La contrée devient alors plus accidentée : nous passons au

pied de *Langres*, avec les deux tours de sa cathédrale ; et vers trois heures et demie, un petit arrêt de notre train nous permet de jeter un coup d'œil à l'église de *Vesoul*, du XVIIIe siècle, et fort peu intéressante. Après avoir salué la statue de la sainte Vierge élevée sur la montagne de La Motte, qui domine la ville, nous continuons notre route, et à la chute du jour, nous arrivons à *Belfort*, place forte qui couvre le passage ouvert entre les Vosges et le Jura. Malgré le peu que nous voyons de la ville, je n'aurais pas voulu passer sous silence le nom de cette héroïque cité, qui a dû à sa vaillance de rester française après nos désastres de 70.

Voici la nuit. Nous avons encore un long trajet à faire, car nous devons coucher à Lucerne. Ce trajet est interrompu par le dîner qui a lieu pour tout le monde au buffet de *Bâle*. C'est tout ce qu'il nous a été donné de voir de la ville. Nous ne visitons guère davantage *Lucerne*, car après un repos aussi court que pourtant bien mérité, il faudra partir le lendemain de bonne heure. Les exigences d'un itinéraire très sagement et savamment combiné ne nous permettent pas d'en voir davantage pour le moment. Notre voyage d'ailleurs n'a pas pour objectif la Suisse, mais l'Italie. Nous pourrons pourtant jouir, dans le parcours de Lucerne à Milan, de sites magnifiques et de beautés naturelles et artificielles qui mériteront une mention.

Mardi 8 novembre.

Au sortir de Lucerne, voici la *Suisse* : ses lacs, ses pics, ses sapins, ses glaciers, ses cascades, ses châlets. Jusqu'au tunnel du Saint-Gothard, et même au delà, il nous sera donné d'entrevoir toutes ces beautés que la Providence a semées dans ce pays, et que les hommes sont venus animer, comme pour les faire ressortir davantage. Le premier lac que nous longeons est celui

de *Zug*, avec la ville et les villages si coquettement assis sur ses bords ; plus loin nous voyageons pendant
quelques temps sur les bords du *lac des Quatre-Cantons*,
avec la villa de *Schwytz*, de *Brümi*, de *Flüelen*. Peut-
on traverser ce beau pays sans saluer le héros qui sut
défendre au xvi⁰ siècle, avec tant de courage, la liberté de sa patrie ? Une chapelle, qu'on appelle la
Chapelle de Guillaume Tell, s'élève sur le bord du lac
pour en perpétuer le souvenir, et sur la rive opposée
on aperçoit *Grütli*, dont la vallée fut le témoin du
serment.

La région des lacs déjà très pittoresquement accidentée, fait place à une région plus montagneuse,
plus sauvage, mais plus grandiose : nous approchons
de la grande chaîne des Alpes Suisses. Le chemin de
fer s'engage dans des défilés que bordent des pics élevés, dont le sommet est couvert de neige, et dont les
pentes sont garnies de sapins. De temps en temps, une
cascade en descend, dont les eaux écumantes ressem-
blent plutôt à un nuage de neige. Nous suivons la vallée accidentée de la *Reuss*, pendant quelque temps,
puis nous laissons cette rivière sur la droite pour
commencer l'*ascension du Saint-Gothard*. Cette route
est vraiment une merveille d'audace. On ne peut se
rendre compte de tous les détours que fait la voie pour
que la montée soit plus douce : c'est ainsi qu'on ne
s'aperçoit pas dans le wagon confortable, bien chauffé
et bien éclairé qui vous emporte que l'on monte dans
des tunnels percés en tire-bouchons dans les montagnes ; mais on peut cependant jouir, un peu avant
d'arriver au grand tunnel du sommet, du spectacle
de la voie superposée en triple lacet par laquelle on
vient de passer. Voici la dernière station du versant
nord : *Goschenen*. Un peu plus loin on aperçoit dans
la montagne un trou béant ; c'est l'entrée du tombeau

momentanné qui, pendant un parcours de 14 kilomètres
va nous tenir ensevelis sous la montagne.

Après une nuit de dix-huit minutes, le jour paraît
tout à coup : nous sommes sur le versant italien des
Alpes, et là un spectacle singulier nous attend. La
neige, qui tout à l'heure n'apparaissait qu'au sommet
des pics les plus élevés, couvre ici toute la terre. C'est
le contraire de ce qui arrive bien souvent, paraît-il,
car il n'est pas rare qu'après avoir quitté le versant
nord couvert de neige, on arrive vers le versant sud,
pour y trouver un magnifique soleil.

En sortant de notre tombeau provisoire, nous trouvons la station d'*Airolo* : nous sommes encore bien loin
d'entrer en Italie, puisque nous devons traverser toute
la province du *Tessin* ; et cependant le village a déjà
l'aspect italien, et nous voyons aux enseignes des maisons de commerce, que l'on y parle déjà la douce langue
du *si*. Il paraît que nous sommes encore à 1,179 mètres
au-dessus du niveau de la mer : aussi, pour redescen-
dre, la voie reprend son système de lacet et de tire-
bouchons comme elle a fait pour monter. Les tunnels
deviennent cependant moins fréquents, nous suivons
la vallée ou plutôt la gorge dans laquelle coule le Tessin, et nous pouvons admirer en route quelques belles
cascades qui descendent des rochers, surtout celles de
la *Piumogna*, et de la *Calcaccia*. Bientôt la vallée s'é-
largit un peu et se fertilise : les plants de vignes et de
mûriers, les forêts de châtaigners annoncent l'approche de l'Italie. Les vignes sont cultivées ici d'après un
système spécial : elles sont soutenues par des lattis
reposant sur des piliers en bois ou en pierre de trois
à quatre mètres de haut, de manière à former d'immenses berceaux de plusieurs centaines de mètres de
côté.

Jusqu'ici nous n'avons guère vu que des villages

perdus dans ces montagnes; mais voici une ville qui s'offre à nos regards. C'est *Bellinzona*, qui, avec ses murs crénelés et ses trois châteaux, jadis fortifiés, présente de loin un aspect assez imposant. Nous la saluons avec un certain plaisir : car toutes les beautés que nous avons vues ont rassasié nos yeux, l'air pur que nous avons respiré sur ces hauteurs a rempli nos poumons, mais en même temps, dilaté notre estomac, qui, nous le savons, doit trouver là de quoi se restaurer. Donc, après un déjeuner aussi prestement avalé que longuement attendu, nous continuons notre route vers l'Italie. La vallée s'élargit de plus en plus, la végétation est moins sauvage, et le paysage, agrémenté par les montagnes qui offrent maintenant des cimes moins élevées, par des cascades toujours aussi gracieuses, par d'immenses forêts de châtaigniers et quelques villages bien situés, devient à chaque pas plus intéressant.

Bientôt, nous arrivons à *Lugano*. Un arrêt de quelques instants nous permet de contempler le magnifique spectacle que, de la gare élevée, présente cette ville si coquettement assise sur le bord de son lac. Rien de plus pittoresque que cet ensemble : la ville avec son lac et les bords de celui-ci si gracieusement découpés et parsemés de villas et d'églises, tout cela couvert d'une magnifique végétation et couronné par le mont *S. Salvatore* qui s'élève au sud avec ses pentes boisées. Lugano est une petite ville de 6,000 habitants, bâtie à l'italienne, abritée du vent du Nord par le mont *Camoghé*, elle offre aux poitrines délicates un climat tout à fait méridional : c'est la première ville du versant italien des Alpes où l'on puisse cultiver l'aloès en pleine terre.

Après avoir traversé le pont qui passe sur le lac même de Lugano, nous continuons notre route vers Milan.

A *Chiasso*, nous avons à subir l'ennuyeuse formalité de la douane, et nous mettons nos montres à l'heure de Rome, car nous allons entrer en Italie. L'heure avance ici de quarante-sept minutes sur Paris. Le jour est à son déclin : nous pouvons cependant voir encore en passant le *Lac de Côme*, plus vaste, mais moins gracieux que celui de Lugano ; nous devinons plutôt que nous ne voyons la ville avec sa cathédrale. Enfin de nombreuses lumières nous annoncent l'approche d'une grande ville et au bout de quelques minutes, notre train entre dans la gare, brillamment éclairée à l'électricité, de *Milan*. Cette gare est sans contredit la plus belle de toute l'Italie, et sans doute une des plus belles de l'Europe et les fresques qui décorent sa salle d'attente, méritent d'attirer les regards des voyageurs.

Milan est la capitale de la Lombardie ; c'est l'ancien *Mediolanum* des Romains. Elle soutint au moyen âge d'héroïques luttes contre la tyrannie allemande. En 1162, Frédéric Ier Barberousse la détruisit de fond en comble : il n'y eut que l'église Saint-Ambroise et quelques autres qui restèrent debout ; mais elle se releva rapidement de ses ruines, et en 1176, elle sut reconquérir son indépendance par la victoire de Legnano. Plus tard, au xve siècle, elle s'illustra dans les arts, surtout avec le Bramante (1476-1500) et Léonard de Vinci (1494-1516). Une insurrection qui éclata dans la ville le 18 mars 1848, obligea les Autrichiens qui l'occupaient depuis longtemps, à évacuer Milan, et aujourd'hui elle fait partie du royaume d'Italie dont elle est une des principales villes, puisqu'elle compte, avec ses faubourgs près de 300,000 habitants.

Arrivés le soir, nous avons dû remettre au lendedemain la visite du joyau de Milan, sa cathédrale ; mais nous avons pu admirer le soir même la magnifique *Galerie Victor-Emmanuel*. C'est, paraît-il, le plus beau et le plus grandiose promenoir de toute l'Europe. Je lui reprocherai seulement son peu d'étendue, relativement à sa largeur et sa hauteur. L'ornementation de cette galerie est vraiment fort élégante : elle est décorée de vingt-quatre statues, parmi lesquelles celles de Galéas Visconti, Machiavel, Raphaël, Galilée, Michel-Ange. Au croisement des deux galeries s'élève un dôme octogone de 50 mètres de hauteur, dont les pendantifs sont ornés de fresques représentant les quatre parties du monde. Cette galerie était autrefois éclairée par 2,000 becs de gaz qu'allumait une petite machine à vapeur dont le fonctionnement était fort intéressant ; mais aujourd'hui quelques becs électriques suffisent pour l'illuminer à giorno. Les principales rues de la ville sont d'ailleurs éclairées de la même manière. Ces rues sont très larges, surtout dans les beaux quartiers, et on y trouve un raffinement particulier de civilisation qui date du dernier siècle, et qui a, par conséquent, précédé beaucoup nos pavés en bois : au milieu des rues, afin que le roulement des voitures fût plus doux, on a placé deux rangs de dalles plates sur lesquelles roulent les deux roues ; on évite ainsi les inégalités du pavé.

Il y a à Milan environ quatre-vingts églises ; mais il y en a une qui jouit d'une réputation universelle et que les Italiens appellent la huitième merveille du monde : c'est la *Cathédrale il Duomo*. L'effet produit par ce vaste édifice, tout en marbre blanc, mesurant 145 mètres de long, 57 de large, 48 sous voûte, avec sa coupole et sa tour qui s'élève à 110 mètres et qui est surmontée de la statue dorée de la Vierge, de 4 mètres, avec ses 98 tourelles gothiques, ses 10,000 acrotères, et les 6,717 statues qui peuplent ses tourelles et ses niches, est vraiment merveilleux. « Quand on regarde la cathédrale de la place, dit Th. Gautier, l'effet est éblouissant, la blancheur du marbre, tranchant sur le bleu du ciel vous frappe d'abord ; on dirait une immense guipure d'argent posée sur un fond de lapis-lazzuli... c'est un gothique plein d'élégance et d'éclat... La délicatesse dans l'énormité et la blancheur lui donnent l'air d'un glacier avec ses mille aiguilles..., on a peine à croire que ce soit un ouvrage fait de main d'homme. »

Galéas Visconti avait commencé cet édifice en 1386 ; mais après lui, la diversité des architectes qui lui succédèrent et la mésintelligence qui régna entre eux, détruisirent l'unité d'une si belle œuvre. La tour qui domine la coupole ne date que de 1805 ; c'est l'empereur Napoléon qui la fit achever, et qui fit en même temps reprendre les travaux que l'on continue toujours.

L'intérieur est loin de répondre au luxe d'ornement de l'intérieur. On y trouve le tyle gothique si rare en Italie. Le cinq nefs sont séparées par cinquante-deux piliers qui au lieu de chapiteaux sont ornés de statues, ce qui produit un effet un peu bizarre et d'un goût contestable. La voûte est peinte de façon à imiter parfaitement des pierres sculptées à jour : on ne s'aperçoit de cette fraude artistique qu'aux endroits où la peinture a été effacée. Du reste rien de bien intéressant à l'intérieur au point de vue de l'art, à moins qu'on ne regarde comme un chef-d'œuvre, une statue de saint Barthélemy, représentant le saint écorché, avec un luxe de détails naturalistes et avec cette inscription, qui ne témoigne que médiocrement de la modestie de l'auteur :

Non me Praxiteles, sed Marcus finxit Agratus.

Je dois pourtant faire mention des vitraux du chœur qui sont modernes, mais qui reproduisent trois cent cinquante beaux sujets copiés sur des tableaux de maître.

Sous le **grand** autel, se trouve la *Confession de saint*

Charles Borromée, l'archevêque bien-aimé de Milan. Dans une crypte ornée de plaques d'argent massif et de pierres précieuses, repose la châsse où l'on conserve sous cristal, le corps du saint, revêtu de ses ornements pontificaux.

Ne sortons pas de l'église sans visiter le *trésor* de la sacristie, où l'on peut voir, en autres reliques et objets précieux, une croix en bois portée par le saint archevêque à la fameuse peste qui décima la ville en 1576, ainsi que deux statues en argent représentant saint Ambroise et saint Charles, de grandeur naturelle. Près de la sacristie, un escalier de plus de cinq cent marches nous conduit au *sommet de la tour*, d'où l'on jouit d'un panorama splendide. En gravissant ces marches, en marbre, comme tout le reste de l'édifice. je découvre sur les parois de l'escalier une inscription, *victata l'affissione*, qui me prouve que beaucoup de visiteurs ont sans doute témoigné bien peu de respect pour la huitième merveille du monde. Il est vrai que l'ascension de la tour est presque un voyage, et que la nature, pendant ce voyage, peut réclamer impérieusement ses droits. Nous arrivons enfin au terme de ce voyage aérien, et alors, il faut être bien prosaïque pour ne pas oublier la fatigue de l'ascension devant le spectacle ravissant qui se présente aux regards. A vos pieds, c'est la cathédrale, avec sa forêt de tourelles et d'acrotères, et toutes ses statues qui en font comme une ville aérienne ; puis la ville de Milan avec ses principaux monuments ; plus loin, c'est la Lombardie tout entière, ressemblant à une immense carte géographique en nature ; enfin, à l'horizon, les Alpes avec leurs principaux sommets, le mont Blanc, si l'air est assez pur, le Simplon, le Saint-Gothard, tandis qu'au midi, la vue s'étend jusqu'à Pavie, sa chartreuse et les Apennins.

En sotrant de la cathédrale, nous traversons la galerie Victor-Emmanuel pour arriver sur la *place de la Scala*, où s'élève la statue de Léonard de Vinci par Magni, entourée de quatre de ses élèves. De là nos voitures nous emportent, par le *Corso V. — Emmanuele* et le *Corso Venezia*, jusqu'aux boulevards extérieurs et les *Giardini pubblici* ; puis remontant vers le nord, nous arrivons au *Campo Santo*, de fondation récente. Il y a dans ce cimetière un grand nombre de chefs-d'œuvre de sculpture moderne, remarquables surtout par le naturel de la pause et la vérité de l'expression ; malheureusement, l'ensemble en est peu chrétien, et la douleur de ce personnage, pour être très bien rendue. n'en respire guère davantage la résignation et la soumission à la volonté divine, pas plus que l'espérance qui illumine toujours la figure de ceux qui croient n'être pas séparés pour jamais. Il y a d'ailleurs, au fond du cimetière, un monument renfermant deux fours crématoires qui sont un signe du peu d'esprit chrétien qui anime la population milanaise relativement au culte des morts.

Nous continuons ensuite notre promenade sur les boulevards extérieurs et nous rentrons dans la ville par la célèbre porte connue sous le nom d'*Arc du Simplon*. Cette porte monumentale, en marbre, a été élevée en mémoire de l'entrée de nos troupes à Milan en 1796 : et elle est surmontée d'une figure allégorique dans un char à six chevaux. L'arc de la place du Carrousel, à Paris, imite dans des proportions plus modestes l'Arc du Simplon. En face se trouve l'immense place d'Armes de la ville, et à gauche de la place, l'Arène ou Hippodrome bâti par Napoléon I⁰ʳ et pouvant contenir trente mille spectateurs.

Une église bien intéressante se présente ensuite à nos regards. C'est l'église de Saint-Ambroise, fondée au IVe siècle par ce grand docteur sur les ruines d'un temple de Bacchus. C'est ici que le futur évêque d'Hippone fut converti par le saint évêque de Milan, ici par conséquent que le fils de Monique naquit pour ainsi dire à la vie chrétienne, bien qu'il ait été baptisé dans un sanctuaire voisin qui n'existe plus. Aussi, l'église de Saint-Ambroise est-elle un des monuments les plus intéressants de l'Italie septentrionale. Elle est précédée d'un *atrium* du IXe siècle entouré d'un portique à arcades romanes, et les portes de bronze du grand portail sont celles que saint Ambroise ferma devant l'empereur Théodose après le massacre de Tessalonique.

Entrons maintenant dans cette église que l'on pourrait comparer à un musée des antiques, à cause du grand nombre d'inscriptions, de bas-reliefs, etc., des premiers siècles du christianisme. C'est dans ce temple que les rois lombards et les empereurs d'Allemagne recevaient la fameuse couronne de fer que l'on conserve encore dans la cathédrale de Monza. Citons parmi les curiosités de ce musée : un sarcophage en marbre du Ve siècle, renfermant des corps que l'on croit être de la famille de Théodose ; le baldaquin du maître-autel avec ses bas-reliefs du commencement du VIIIe siècle ; l'autel lui-même, si richement orné de bas-reliefs en argent et or avec émaux et pierres fines, datant de l'époque carlovingienne ; la mosaïque de l'abside, du IXe siècle, représentant le Christ et des scènes de l'histoire de saint Ambroise,

Dans la crypte reposent le corps du grand docteur de Milan et ceux de saint Gervais et de saint Protais.

Mais il faut se rendre à l'hôtel de la Grande-Bretagne, afin de se préparer au départ qui a lieu vers trois heures. Nous voici donc en route pour Venise. Le trajet est beaucoup moins intéressant que celui de Lucerne à Milan. A notre gauche, nous apercevons encore les dernières chaînes des Alpes Suisses, mais à droite, c'est un pays plat, très fertile, couvert de mûriers, mais nullement pittoresque. Nous passons successivement à *Bergame*, vieille ville commerçante située sur la montagne et à *Brescia*, avec son haut château. C'est alors que nous jouissons pour la dernière fois du beau spectacle des Alpes Tyroliennes dont les dernières cimes sont magnifiquement éclairées par la chaude lumière du soleil couchant et dont les pentes sont parsemées de maisons de campagne. La teinte rougeâtre qui caractérise ces montagnes provient de la grande quantité de minerai qu'elles renferment ; peu à peu elles s'éloignent de nous, et nous voyageons dans la plate vallée de la Brenta. Voici la station de *Desenzano*, sur les bords du *lac de Garde*, le *lacus Benacus* des Romains. C'est le plus grand de l'Italie septentrionale ; grâce au temps magnifique dont nous jouissons en ce moment, les eaux sont très calmes ; mais il n'est pas rare de le voir agité comme une vraie mer pendant les orages, et c'est ce que disait déjà Virgile (*Georg.*, II, 160). Sa surface est d'un bleu azuré et ses bords sont gracieusement animés de pittoresques paysages. On y voit la presqu'île de *Sermione* où Catulle composa sa poésie, et dont le vieux château, avec sa tour et ses murailles ciselées, attire surtout les regards. Après avoir quitté le lac, nous longeons le fameux champ de bataille de *Solférino*, où nos troupes remportèrent sur les Autrichiens la victoire du 24 juin 1859. Après avoir passé *Vérone*, dont nous regrettons de ne pouvoir admirer le célèbre amphithéâtre, nous arrivons à *S. Bonifacio*, situé à 1,500 mètres du village et du pont d'*Arcole*, célèbre par les batailles des 15, 16, et 17 nov. 1796. Le train continuant sa marche pendant la nuit, nous ne pouvons apercevoir les villes de *Vicence*, de *Padoue*,

maìs enfin le clair de la lune nous permet de voir que
nous voyageons sur l'eau : nous sommes en effet sur
le long viaduc de 4 kilomètres qui relie à la terre ferme
la ville la plus bizarre de l'univers, celle que l'on a
appelée la *belle Venise*.

Cinquante gondoles nous attendent à la gare pour
nous conduire à nos hôtels.

Fondée à l'époque où les Barbares envahirent l'Italie, ce ne fut qu'au temps des Croisades que *Venise* ac-
quit de l'importance. Un de ses doges, Henri Dandolo,
(1192-1205) concourut avec les croisés français à la
prise de Constantinople en 1204. Au xive siècle, Venise eut à lutter contre Gênes qui fut longtemps sa
rivale, et elle perdit alors de sa puissance ; mais elle
se releva peu à peu, et la fin du xve siècle mar-
qua l'apogée de sa grandeur : elle comptait alors
200.000 habitants et était respectée et admirée de toute
l'Europe. Sa flotte prit une part glorieuse à la bataille
de Lépante (1571) ; mais, au xviiie siècle, elle cessa de
jouer un rôle important dans l'histoire, et vit décroî-
tre peu à peu sa puissance. Le traité de Campo-For-
mio la donna à l'Autriche, celui de Presbourg la céda
à l'Italie jusqu'en 1814, où elle revint à l'Autriche. En
1848, elle était parvenue, dans un mouvement révolu-
tionnaire, à secouer son joug : elle proclama la République et se donna un gouvernement provisoire ; mais
elle fut reprise l'année suivante par les Autrichiens
après un siège de quinze mois. Après la terrible bataille de Sadowa, elle retourna à l'Italie, et fait maintenant partie de ce royaume.

Au point de vue de l'art, comme sous les autres rap-
ports, Venise a une situation à part. Ses relations avec
l'Orient, surtout au temps des Croisades, y ont apporté
le goût du style byzantin, comme on peut le voir à son
église Saint-Marc ; son architecture ogivale revêt éga-

lement un caractère original (Palais des doges); et ce caractère particulier à cette ville, se retrouve aussi dans les œuvres de ses peintres. L'école vénitienne est d'ailleurs très célèbre, comme on peut le voir au nom des artistes qui l'ont illustrée : Jacques Palma, le vieux (1480-1528), le Titien (1477-1576), Sébast. del Piombo (1485-1547) Paris Bordone (1500-1570), Jacopo Roberti, dit le Tintoret (1512-1594) Paul, Véronèse (1528-1588), Bassano, Palma le jeune , etc.

Que dire maintenant de cette ville originale, dont les 15,000 maisons et palais sont bâtis sur pilotis, avec ses 147 canaux, qui sont ses rues, et qui la divisent en 117 îles, communiquant par 378 ponts ? de cette ville qui ne connaît ni le bruit, ni la poussière, dont les rues sont des canaux, dont les voitures sont des gondoles?

Voici la description que fait Th. Gautier de la partie la plus intéressante : « Quelques coups de rames nous eurent bientôt amenés en face d'un des plus merveilleux spectacles qu'il soit donné à l'œil humain de contempler : La Piazetta vue de la mer ! Nous tenant debout à la proue de la gondole arrêtée, nous regardâmes quelque temps dans une muette extase, ce tableau sans rival au monde, et le seul peut-être que l'imagination puisse dépasser.

A gauche, en prenant le point de vue du large, on aperçoit d'abord les arbres du jardin royal, traçant une ligne verte au-dessus d'une terrasse blanche, puis la Zecca (hôtel de la Monnaie), bâtiment de robuste architecture, et l'ancienne Bibliothèque, œuvre de Sausovino, avec ses élégantes arcades et son couronnement de statues mythologiques.

A droite, séparé par un espace qui forme la Piazzetta, vestibule de la place Saint-Marc, le palais ducal offre sa façade vermeille losangée de marbre blanc et rose, ses pilliers massifs supportant une galerie de

colonnettes, dont les nervures contiennent des trèfles
quadrilobés, à six fenêtres en ogive, son balcon monumental enjolivé de consoles, de niches, de clochetons.
de statuettes, que domine une sainte Vierge ; son
acrotère découpant sur le bleu du ciel ses feuilles d'a-
canthe et ses pointes alternées, et le listel en spiral
qui cordone ses angles et se termine par un pinacle
évidé à jour.

Au fond de la Piazzetta, du côté de la Bibliothèque,
s'élève à une hauteur prodigieuse le Campanile, immense tour en briques au toit aigu surmonté d'un
ange d'or. Du côté du palais ducal, Saint-Marc, vu
de flanc. montre un coin de son portail qui fait place
à la Piazza. La perspective est formée par quelques
arcades de vieilles procuraties, et la Tour de l'Horloge
avec ses Jacquemarts de bronze, son Lion de saint
Marc sur fond bleu étoilé, et son grand cadran d'azur.
où les vingt-quatre heures sont inscrites.....

Au-delà du palais ducal, on voit les prisons neuves,
auxquelles il se relie par le Pont des Soupirs, espèce
de cénotaphe suspendu au-dessus du canal de la
Paille ; puis une ligne courbe de palais, de maisons,
d'édifices de toutes sortes, qui forme le quai des Esclavons, et se termine par le massif de verdure des jardins publics, dont la pointe s'avance dans la mer. »

Examinons maintenant plus en détail les curiosités
de la ville. D'abord la *place Saint-Marc*, la plus belle
peut-être de l'Italie ; elle est entièrement pavée de
trachyte et de marbre, et bornée de trois côtés par
des palais magnifiques, et à l'est par l'église Saint-
Marc. Ces palais étaient autrefois la demeure des premiers fonctionnaires de la République ; la place, avec
les arcades qui l'entourent est aujourd'hui le rendez-
vous ordinaire des Vénitiens. Une particularité bien
connue de cette place, c'est la grande quantité de [pi-

geons qui s'y abattent à certains moments de la journée, où on leur donne à manger aux frais de la ville,
et qui ont élu domicile sur les toits voisins et surtout
sur l'église Saint-Marc. Ces pigeons ont leur histoire
qui les rend sacrés aux yeux des Vénitiens : aussi y
ont-ils vraiment droit de cité, et personne ne songe à
les tourmenter. Voici quelle en serait l'origine : l'ami-
ral Dandolo assiégeant Candie au commencement du
xiii° siècle, aurait reçu des dépêches importantes par
l'intermédiaire de pigeons, ce qui aurait contribué au
succès du siège. Il envoya ces oiseaux à Venise, et depuis, leurs descendants sont l'objet du respect public.

Sur la place, en face de l'église, on remarque trois
mats vénitiens, élevés sur des piédestaux de bronze.
On y arborait autrefois les drapeaux de Chypre, de
Candie et de Morée, en mémoire de leur soumission à
la République ; maintenant, on y arbore, le dimanche,
le drapeau italien.

L'*église Saint-Marc* est bien digne de notre attention.
Dédiée à l'évangéliste saint Marc, dont les reliques y
furent apportées d'Alexandrie en 828, elle fut élevée au
xi° siècle dans le style roman-byzantin, et avec un
luxe tout oriental. Elle est surmontée de cinq coupoles,
on y compte 500 colonnes, tant à l'intérieur qu'à l'extérieur, et elle est pour ainsi dire couverte de mosaïques de tous les siècles depuis le x°, qui occupent
une surface de 4,240 mètres carrés. Au-dessus du
portail se trouvent les quatre cheveaux de bronze
doré qui ont orné l'Arc du Carrousel à Paris de 1794
à 1815. Ils datent probablement de l'époque de Néron,
dont ils auraient orné l'Arc de triomphe. Constantin
les fit porter à Constantinople, et en 1204, le doge Dandolo les apporta à Venise. La façade extérieure de
l'église est ornée de mosaïques, au-dessus de la porte
d'entrée. Elles représentent le Jugement dernier

(xix⁰ siècle), avec des scènes de la translation des reliques de saint Marc, du xiii⁰ siècle. En haut, de chaque côté des chevaux, on voit une Descente de Croix, Jésus dans les Limbes, sa Résurrection, et son Ascension. — Entrons maintenant dans le portique qui est un peu plus bas que la place. Parmi les colonnes qui le décorent, on en voit plusieurs qui viennent de la fameuse église de Sainte-Sophie de Constantinople, et deux qui proviendraient, dit-on, du Temple de Salomon à Jérusalem. Au-dessus de la porte, se trouve une magnifique mosaïque de Saint-Marc, faite d'après les dessins du Titien. — Trois dalles rouges du pavé rappellent la soumission de Barberousse au pape Alexandre III. On raconte qu'en fléchissant le genou devant le pape, l'empereur aurait dit : *Non tibi, sed Petro* ; et que le pape aurait répondu : *Et mihi et Petro.*

L'intérieur répond à la richesse de l'extérieur. Parmi les nombreuses mosaïques qui ornent cette église, je remarque surtout, au-dessus de la belle porte en bronze, celle qui représente le Christ, la Vierge et saint Marc, et qui date du x⁰ siècle ; le baptistère surmonté d'une statue de saint Jean-Baptiste en bronze, le pavé en mosaïque, les deux ambons en marbre de couleur, et les quatorze statues de marbre qui ornent le jubé. Le maître-autel, avec son rétable d'une grande richesse, est surmonté d'un baldaquin en vert antique, soutenu par quatre colonnes ornées de bas reliefs du xi⁰ siècle. On remarque au fond de l'abside un autre autel soutenu par quatre colonnes torses en albâtre oriental dont deux sont transparentes : cet autel proviendrait aussi du temple de Salomon.

La sacristie est, elle-même, ornée de très belles mosaïques dans les voûtes, et renferme des bahuts en bois incrustés de toute beauté.

En sortant de l'église, nous voyons à droite la *Tour de l'Horloge* de Pietro Lombardo (1496) surmontée de deux Vulcains en bronze chargés de frapper les heures. A gauche, c'est la *Piazzetta*, ou petite place sur laquelle s'élève, à droite, le *Campanile*, belle tour carrée haute de 98 mètres, et du sommet de laquelle on jouit d'une vue admirable sur la ville, les lagunes, les Alpes et la mer. A gauche, attenant pour ainsi dire à l'église, c'est le célèbre et magnifique *Palais des doges*, qui mérite une visite plus détaillée.

Il fut construit de 1350 à 1442 dans un style gothique vénitien. Il se compose à l'intérieur de deux galeries à ogives superposées et supportées par cent-sept colonnes, trente-six en bas et soixante et onze en haut. Au milieu de la façade, au-dessus de la deuxième galerie, se trouve la *Loggia*, richement ornementée et surmontée de la statue de la sainte Vierge. La seconde façade du côté des lagunes, présente la même disposition. Les chapiteaux des colonnes sont très travaillés ; et la neuvième et la dixième colonne de la deuxième galerie, à partir du portail, sont en marbre rouge, au lieu d'être comme les autres en marbre blanc : c'est entre ces deux colonnes qu'on prononçait les condamnations à mort.

Pénétrons maintenant dans ce splendide monument. Le *Portail* (*Porta della Carta*) est en marbre de diverses couleurs avec ornements gothiques. Son nom lui vient de ce que ce portail était le lieu où s'affichaient les décrets et proclamations du Gouvernement de la République. Dans la cour se trouvent deux puits dont les margelles en bronze attestent les longs services. Pour entrer au palais, il faut gravir un escalier de dimensions ordinaires, mais auquel on a donné le nom d'*escalier des Géants* à cause de deux statues colossales de Mars et de Neptune qui se trouvent au sommet. C'est

sur le palier de cet escalier qu'avait lieu le couronnement des doges. En face, on remarque deux belles statues d'Adam et d'Eve d'Antonio Rizzo (1462).

Parmi les nombreuses salles qu'on admire à l'intérieur, il y a : la *salle du grand Conseil*, la plus grande
et la plus belle de toutes. La frise est surmontée d'un
cordon de médaillons avec les portraits de tous les
doges, et les murs sont ornés de vingt et un tableaux
du Bassan, de P. Véronèse, du Tintoret et autres, représentant les victoires remportées par la République.
Au-dessus de l'estrade se trouve le plus grand tableau
de l'univers, mesurant 25 mètres de long, sur 10 mètres
20 de haut, et couvrant tout le mur de ce côté de la
salle. Le Tintoret y a représenté la Gloire du Paradis :
on y compte jusqu'à 800 personnages. A citer encore :
la salle du scrutin, avec un beau tableau du Jugement
dernier de Palma le Jeune ; la salle du Conseil des Dix ;
la salle du Sénat ; les anciens appartements des doges
où on a installé un musée de statues assez intéressant ; enfin, la *Chapelle* où l'on remarque, entre autres
tableaux, le passage de la mer Rouge, du Titien.

Le palais des doges est en communication avec les
Carceri ou prisons par le fameux pont que tout le
monde connaît sous le nom de *Pont des soupirs* : c'est
un pont couvert et à double passage qui servait à ame-
ner les prisonniers pour subir leurs interrogatoires et
à les reconduire dans leurs cachots : il dut être en effet
le témoin de bien des soupirs et de bien des gémisse-
ments. Les non moins fameux *Piombi* ou cachots qui
se trouvaient sous la toiture en plomb du palais des
doges ont été détruits en 1797. Lorsque Silvio Pellico
fut emprisonné à Venise en 1821, il occupait au palais
une chambre au troisième étage de l'aile qui se trouve
contre l'église Saint-Marc.

Sur la *Piazzetta*, du côté des lagunes, on remarque

deux colonnes de granit portant à leur sommet le Lion
de saint Marc, en bronze, les ailes déployées, la griffe
sur son évangile, et la statue de saint Théodore avec
son crocodile. C'est sur la Piazzetta qu'avaient lieu les
exécutions capitales prononcées par le Gouvernement
de la République. On a de cette place une belle vue
sur les lagunes et sur la partie de Venise située au-
delà du grand canal.

En face de nous, à l'extrémité de l'île dont nous sépare ce grand canal, voici une église à coupole assez
monumentale. C'est l'église de *Santa-Maria della sa-
lute*, bâtie au xviie siècle dans le style de la renaissance, pour remercier la sainte Vierge d'avoir délivré
la ville d'une peste qui la décimait eu 1630. Elle est
bâtie sur 1, 600, 000 pilotis, ce qui peut donner une
idée du nombre incalculable des pilotis sur lesquels repose la ville tout entière. Nos gondoles nous conduisent rapidement à cette église. A l'intérieur, j'y remarque surtout, au maître-autel, un beau groupe en
marbre représentant la Vierge chassant le démon de
la peste, par Le Curt; un candélabre monumental en
bronze d'André Alexandre de Brescia ; la voûte avec
huit médaillons du Titien représentant les quatre
évangélistes, et quatre pères de l'Église; et à la sacristie quelques beaux tableaux, et la voûte décorée également par le Titien.

En sortant de l'église, nous remontons dans nos gondoles pour parcourir le *grand canal*, qui est à Venise
ce que sont les grands boulevards à Paris ou le Corso
à Rome. Mais ce n'est ni à pied ni en voiture qu'on
peut faire cette course : ce sont les silencieuses gondoles qui font défiler devant vous cette suite de palais
magnifiques, en marbre avec leur colonnes, et leurs
ornements d'un gothique tout spécial, qui étaient oc-
cupés autrefois par les *nobili*. Malheureusement, la

plupart de ces palais sont aujourd'hui à peu près in-
habités, ce qui, joint au silence des gondoles, donne à
Venise un aspect morne et triste, qui contraste avec
la richesse de ses monuments. Heureusement, nous
jouissons, pour faire cette visite, d'un vrai soleil d'I-
talie ; car il me semble que malgré ses beautés et l'ori-
ginalité de sa situation, Venise doit être triste par le
mauvais temps. Le grand canal est traversé, vers la
moitié de sa longueur, par le *Pont du Rialto* (rio alto),
qui fait communiquer les deux parties principales de
la ville. Il date de 1588, il se compose d'une seule
arche, en marbre, de 27 mètres 70 d'ouverture, élevée
sur 12,000 pilotis, et il est surmonté d'une double
rangée de boutiques.

Je dois aussi signaler deux autres églises intéressantes de Venise : d'abord *SS. Giovanni et Paolo*, magnifique église bâtie dans le style ogival-italien, du
xiiie au xve siècle. C'était le lieu de sépulture des
doges ; aussi y remarque-t-on une profusion de mau-
solées plus ou moins richement ornés. On y voit aussi
quelques tableaux remarquables, entre autres une
belle copie du martyre de saint Pierre, dominicain, du
Titien, dont l'original se trouvait dans la *chapelle du
Rosaire* à côté de l'église. Cette chapelle, bâtie en mémoire de la bataille de Lépante (1571) avec une richesse inouïe, fut incendiée en 1867 par une cause inconnue. On y voit encore des restes intéressants de
magnifiques bas-reliefs, entre autres l'Adoration des
bergers et des mages à la grotte de Béthléem.

La seconde église est celle de *Santa-Maria dei
Frari*, bâtie dans le même style, vers 1338. On pourrait l'appeler le Panthéon de Venise. Entre autres
tombeaux d'artistes, on y admire, à droite, celui du
Titien, et à gauche, ceux des deux Pesaro, et surtout
celui de Canova.

Le vendredi matin, il nous faut quitter cette ville,
qui malgré son aspect un peu triste, excite la curiosité au point qu'on ne peut se décider à lui
dire un adieu perpétuel, et qu'on espère toujours revoir ses magnifiques lagunes et ses splendides monuments. C'est un bateau à vapeur qui, cette fois, nous
prend au *quai des Esclavons*, où se trouvait notre hôtel, pour nous transporter à la gare. Au débarcadère
du bateau, nous jetons un regard sur l'église des
Carmes déchaussés, toute voisine de la gare ; nous
avons le temps d'en admirer la décoration un peu
lourde, peut-être, car elle est bâtie dans le style grec,
mais d'une grande richesse, surtout en marbre d'une
sévérité de ton assez rare en Italie. Peu après, le
train nous emportait à travers la lagune, puis nous
retrouvions la terre ferme. Au bout d'une heure environ, nous arrivions à *Padoue*, où nous devions nous
arrêter pour faire notre pèlerinage au tombeau de
saint Antoine.

La ville de *Padoue* est une des plus anciennes de
l'Italie ; son origine remonterait au roi troyen Anténor,
frère de Priam. C'était, sous Auguste, la plus riche de
l'Italie septentrionale ; au xvᵉ siècle, elle tomba sous
la domination de Venise. Elle fut célèbre au moyen
âge par son Université, créée en 1238, par l'empereur
Frédéric II. Aujourd'hui, c'est une ville bien calme,
dans laquelle s'arrêtent, à peu près seuls les voyageurs
chrétiens qui veulent vénérer le grand saint qui fut la
véritable gloire de Padoue. Les cinquante voitures
qui nous attendent à la gare, et qui nous transportent
à travers la ville, ont tiré un peu les habitants de leur
calme ordinaire, et nous les voyons à peu près tous sur
le pas de leurs portes et sur les places que nous traver-

sons, où ils sont attirés par une curiosité qu'auraient sans doute partagée beaucoup de Français.

Notre première visite est naturellement pour la *basilique de Saint-Antoine*. C'est une construction colossale, élevée du xiii° au xv° siècle, surmontée de sept coupoles, et longue de 91 mètres sur 45 de largeur. Sa façade est couronnée par la statue du saint ; et dans le tympan, on remarque une fresque de Mantagna, de Bologne, représentant la sainte Vierge avec saint Bernardin et saint Antoine. A l'intérieur, je remarque en entrant deux beaux bénitiers ornés des statuettes de Notre-Seigneur et de saint Jean-Baptiste, du xvi° siècle. Dans le transept de gauche, se trouve la splendide *chapelle de Saint-Antoine*. Sous l'autel repose le corps du saint, et sur les parois, on voit neuf magnifiques hauts-reliefs de différents auteurs représentant les principaux miracles opérés par lui. On y admire aussi deux superbes candélabres en argent portés par des anges en marbre. Le chœur de l'église est orné de douze bas-reliefs en bronze d'un magnifique travail, entre autres David dansant devant l'Arche, et Judith et Holopherne, d'André Riccio.

Au fond de l'abside, se trouve une chapelle très richement décorée mais sans beaucoup de goût, que l'on nomme la *chapelle du Trésor*. On y vénère un grand nombre de reliques, surtout la langue de saint Antoine, sa mâchoire et aussi un peu des cheveux de la sainte Vierge.

De la Basilique, nous nous rendons à l'église de *Sainte-Justine*, bâtie au xvi° siècle, dans un style assez pur de forme. Elle présente à l'intérieur le plan d'une croix latine très régulière Au fond du transept se trouvent deux sarcophages qui ont renfermé les corps de saint Luc et de saint Matthieu. Le corps de sainte Justine est conservé sous le maître-autel, qui est sur-

monté d'un beau tableau de P. Véronèse, représentant
le martyre de la sainte. Le chœur, situé derrière, est
orné de magnifiques stalles sculptées : ce sont des
scènes de l'Ancien et du Nouveau Testament. On
montre aussi, dans une chapelle attenant à l'église,
une Madone attribuée à saint Luc.

De là, nous reprenons le chemin de la gare, et quelques moments plus tard, le train nous emporte sur
Bologne, en nous faisant traverser une contrée plate
et marécageuse mais très fertile, et remplie surtout
de mûriers. Nous passons à la station d'*Abano*, patrie de l'historien Tite-Live, puis nous traversons l'A-
dige, et nous arrivons à *Rovigo*. Plus loin, voici le
fleuve du *Pô*, large et majestueux, puis après l'avoir
traversé, nous nous arrêtons quelques instants à *Ferrare*. Ferrare était autrefois la résidence de la glorieuse
cour des princes d'Este ; on aperçoit de la gare les
quatre tours du château qui est occupé maintenant
par les bureaux de l'administration et le télé-
graphe. C'est dans cette ville que l'Arioste étudia le
droit, et il y mourût dans une petite maison qu'il s'y
était fait construire.

Vers six heures du soir, nous voici à *Bologne*. C'est
une ville de 90,000 habitants, célèbre surtout par son
Université fondée dès l'an 1119. En 1515, le pape
Léon X et le roi François Ier eurent une entrevue dans
cette ville C'est ici aussi que l'on enseigna pour la première fois l'anatomie des corps humains, et que Joseph
Galvani découvrit le galvanisme en 1789. — Bonaparte
avait réuni Bologne à la République transalpine
en 1796 ; elle fut réunie aux États du Pape en 1815,
se souleva en 1831 et en 1849 ; aujourd'hui elle fait
partie du royaume d'Italie depuis 1859.

Nous avions déjà remarqué qu'en Italie, on bâtit
souvent des arcades au rez-de-chaussée des maisons,

mais à Bologne, cet usage est général, et toutes les rues, à peu d'exceptions près, sont bordées d'arcades de chaque côté, ce qui paraît donner à la ville l'aspect d'un immense couvent avec son cloître.

Notre arrivée dans cette ville avait été annoncée par les journaux, comme d'ailleurs dans les villes que nous avions déjà visitées; mais nulle part nous n'avions encore excité une curiosité aussi universelle. Quinze cents à deux mille personnes, dont un grand nombre d'étudiants, nous attendaient à la gare; et pour arriver à nos voitures, nous avions peine à percer cette foule dont la curiosité, d'ailleurs, n'avait rien d'insolent. Le soir, après dîner, nous visitons la *place Victor-Emmanuel*, l'ancien *Forum* de la ville. C'est une des plus intéressantes de l'Italie, mais en ce moment le dallage est en complète réparation, ce qui lui ôte beaucoup de sa beauté. A côté se trouve la *Piazzetta di Nettuno*, qui prend son nom d'une fontaine en bronze que l'on voit au milieu. Nous continuons notre promenade sous les arcades de la *via Rizzoli*, et, sauf le langage étranger que l'on entend autour de soi, sauf aussi l'éclat des magasins qui est moins brillant, on se croirait presque sous les arcades de la rue de Rivoli, qui ne sont même pas toujours aussi animées que l'étaient ce soir-là celles de Bologne.

Samedi 12 novembre.

Le samedi matin, je célèbre la sainte Messe à la *cathédrale*, édifice bâti au xviiie siècle dans un style grec très lourd, et peu ornementé, même à l'intérieur. Au-dessus du chœur, je remarque une Annonciation, dernière œuvre de Louis Carrache : c'est à peu près tout ce que j'y vois d'intéressant. Je dirige de là mes pas vers la principale église de Bologne, *San-Petronio*, sur la place Victor-Emmanuel, et j'y retrouve un

grand nombre de mes compagnons de voyage. San-
Petronio est une des plus grandes églises du monde,
et fut bâtie aux xive et xve siècles dans le style gothique toscan. Elle devait avoir 197 mètres et même
208, mais la construction en fut interrompue en 1659,
et elle n'en compte que 117. Elle se compose d'une
grande et majestueuse nef principale avec deux autres
nefs latérales et des chapelles. Les voûtes sont en
ogives, et elle est éclairée par de petites fenêtres en
plein cintre, ce qui lui donne un air de style de transi-
tion. L'intérieur renferme beaucoup de sculptures et
de tableaux... Je remarque surtout, à droite, la neuvième chapelle dédiée à saint Antoine, avec une belle
statue du saint par Sansovino, et huit miracles peints
en grisailles par Jérôme de Trévise ; à gauche, la chapelle Biacciocchi, où l'on voit le monument de la prin-
cesse de ce nom, sœur de Napoléon Ier, laquelle demeu-
rait à Bologne, et de Félix, son mari ; et en face, celui
de deux de leurs enfants. La huitième chapelle, à
gauche, à partir de l'autel, est ornée d'anciennes fresques très intéressantes, représentant le Paradis et
l'Enfer : l'auteur a dû s'inspirer dans son travail du
poème du Dante. On voit encore sur le pavé de l'é-
glise, le méridien tracé en 1653 par J. Dom. Cas-
sini. Enfin, un dernier souvenir historique avant de
quitter cette église : Charles-Quint y aurait été couronné empereur.

Après cette visite, nous nous empressons d'aller vénérer le corps de *saint Dominique*, dans une église qui
lui est consacrée depuis sa mort, arrivée à Bologne
en 1221. Cette église avait été bâtie au xiie siècle,
mais elle fut reconstruite au xviiie dans le style plein
cintre, à trois nefs avec coupole au croisement. C'est
dans le transept de droite que se trouve la chapelle de
saint Dominique. Son corps repose dans un sarco-

phage en marbre blanc, du xiii° siècle, orné plus tard,
par les élèves de Nicolas Pisano, de magnifiques bas-
reliefs, représentant divers épisodes de la vie du saint.
A gauche de ce beau monument, on admire un ange
agenouillé de Michel-Ange; et dans la demi-coupole
au-dessus, une transfiguration de saint Dominique
peinte par le Guide, qui a lui-même son tombeau dans
cette église, à la chapelle du Rosaire, dans la nef latérale gauche. Ne quittons pas ce sanctuaire sans jeter
un regard sur les splendides stalles du chœur, en marqueterie, qui comptent parmi les plus belles de l'Italie.

Sur la place *S. Domenico* qui est devant l'église se
trouvent deux colonnes portant, l'une la sainte Vierge,
l'autre saint Dominique ; et deux mausolées du
xiii° siècle, dont un surtout très intéressant, et porté
sur neuf colonnettes.

L'église du *Corpus Domini* que nous visitons ensuite,
serait peu digne d'intérêt si l'on n'y conservait le
corps intact de sainte Catherine de Bologne. Sauf la
couleur qui est devenue noire, le corps est dans un
état de conservation parfaite, tellement que les bras
sont restés souples. Il repose sur un fauteuil, dans
une chapelle richement ornée, et garde la position que
la sainte a prise elle-même, lorsque, dix-huit ans après
sa mort, on ouvrit son tombeau. Il nous est donné de
vénérer cette grande sainte, de baiser sa main, et de
constater une fois de plus dans ce miracle, la puissance et la bonté de Dieu, qui est admirable dans ses
saints : *Mirabilis Deus in sanctis suis*.

Une des curiosités de Bologne, ce sont ses deux
tours penchées, plus renommées que vraiment intéressantes. Bâties à côté l'une de l'autre, elles consistent
en deux monuments carrés, en briques, sans aucun
caractère architectural. L'une, la plus élevée, se
nomme la *tour Asinelli*, du nom de son auteur, Ghe-

Notre-Dame-de-Lorette.

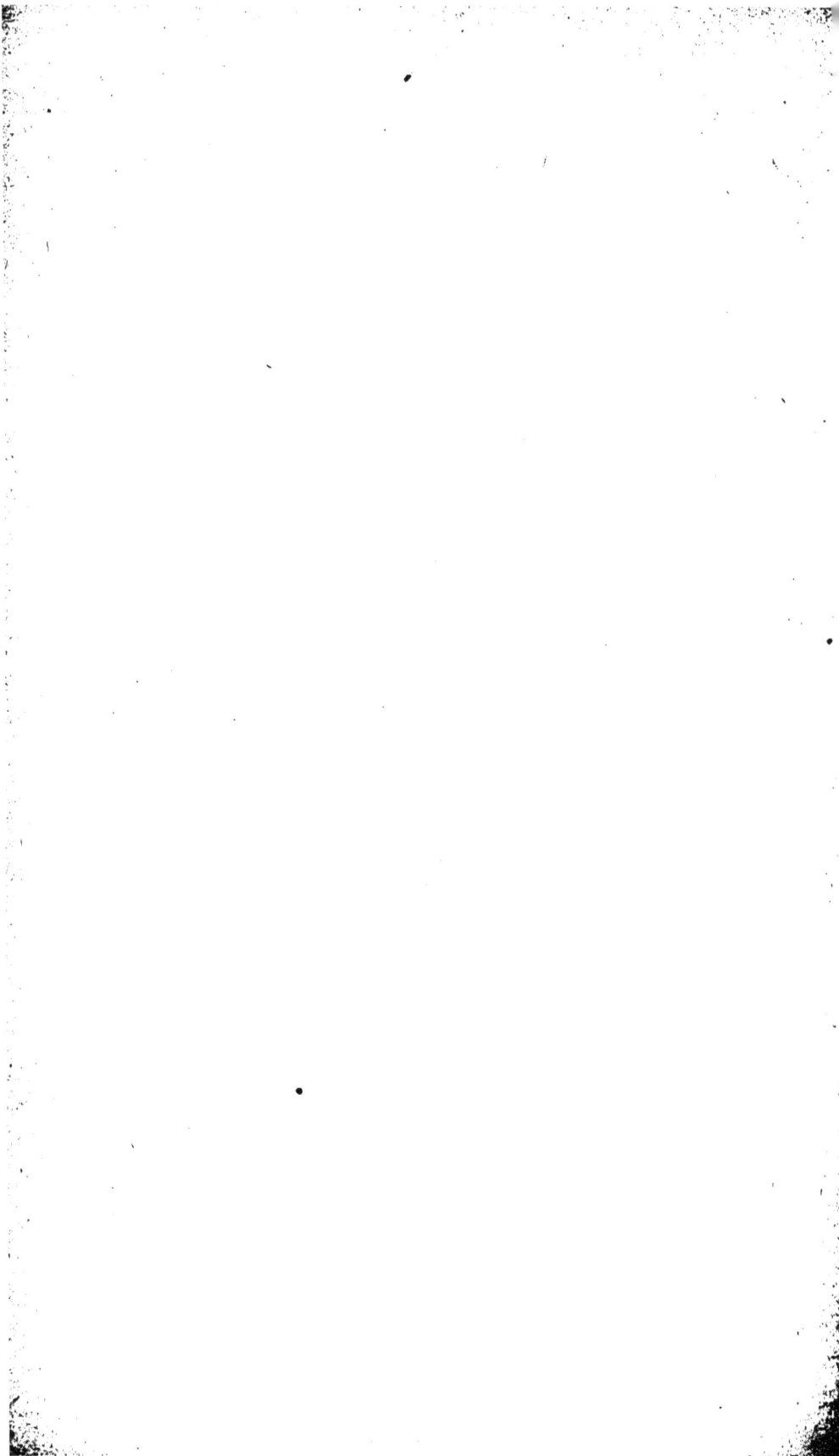

ràrdo degli Asinelli, qui l'éleva en 1109 ; elle mesure
83 mètres de haut, et son inclinaison est de 1 mètre
seulement. La seconde s'appelle *torre Garisenda*: ce
sont les frères Garisendi qui l'édifièrent l'année suivante, en 1110 ; mais elle ne fut pas achevée ; elle ne
s'élève qu'à 42 mètres, et son inclinaison, plus prononcée, est de 2 mètres 60. Le Dante, dans un endroit
de son poème compare le géant Antée se penchant
vers lui, à la tour Garisenda, « lorsqu'un nuage passe
au-dessus ». Nous n'avons pu avoir une idée de cette
image, car le ciel était sans un nuage quand nous
avons visité ces deux monuments.

A côté des tours, s'élève l'église de *S. Bartolomeo
di porta Ravignana*, bâtie au xviie siècle, et très richement ornée à l'intérieur.

L'heure du départ arrive rapidement ; cependant, il
ne faut pas quitter cette ville sans jeter au moins un
coup d'œil sur son *Musée*, et sur la perle de ce musée, la *Sainte-Cécile* de Raphaël. Quelques dames, non
moins désireuses que moi de voir ce chef-d'œuvre,
consentent aussi à sacrifier un peu du déjeuner, pour
se procurer cette jouissance artistique. Malgré le peu
de temps dont nous disposons, nous constatons que le
musée de Bologne renferme quelques magnifiques
toiles, principalement du Guide (Crucifiement et Massacre des Innocents), d'Annibal Carrache (Nativité de
saint Jean-Baptiste), du Dominiquin (Le Martyre de
sainte Agnès et la Vierge au Rosaire, deux beaux tableaux, dont j'ai chez moi la reproduction en gravures
de la chalcographie du Louvre). Citons encore Sam-
son, vainqueur des Philistins, du Guide ; et surtout,
arrêtons-nous devant le joyau de la galerie : la
Sainte-Cécile, avec saint Paul, saint Jean l'Évangéliste, saint Augustin et sainte Marie-Madeleine, tableau peint par Raphaël en 1515. Ce tableau « laisse,

dit Bœdeker, une impression ineffaçable qui résulte du
talent unique de ce maître, de transfigurer ses personnages jusqu'à la vision, tout en leur donnant des
figures humaines et gracieuses. »

Nous voici bientôt emportés de nouveau par la vapeur. C'est toujours dans un pays plat et peu pittoresque que nous voyageons ; des mûriers et des
vignes qui courent d'un arbre à l'autre en larges fes-
tons rompent seuls la monotonie de ce paysage. Nous
passons successivement *Imola*, 26,000 habitants, siège
d'un évêché dès l'an 422, patrie de saint Pierre Chri-
sologue, évêque de Ravenne au vᵉ siècle ; *Faenza*, jolie
ville de 14,000 habitants, berceau de la faïence à laquelle
elle a donné son nom, et patrie du physicien Toricelli,
qui inventa le baromètre en 1643 ; *Forli*, l'ancien *Forum
Livii* des Romains.

Nous approchons alors du littoral de l'Adriatique
dans laquelle vont se jeter une grande quantité de ri-
vières que nous traversons. Après avoir passé la ville
de *Céséno*, entourée de campagnes et de collines charmantes, on passe une autre petite rivière appelée le
Pisciatello et qui serait, paraît-il, l'ancien *Rubicon* :
nous mettons moins de façon que César à traverser ce
proverbial cours d'eau.

Voici *Rimini*, jolie ville de 34,000 habitants dans
un beau site sur le bord de l'Adriatique. C'est l'ancien
Ariminium, qui fut colonie romaine dès l'an 269 av.
J.-C. En l'an 359 de notre ère, on y tint un concile
contre les Ariens. Nous allons maintenant voyager
sur le bord de la belle *Adriatique* jusqu'à Lorette.
Grâce au beau temps, la mer est des plus calme ; les
eaux sont d'un bleu d'azur, et de loin en loin, on y découvre un point blanc : c'est la voile de quelque bateau
pêcheur de Rimini ou d'Ancône. Comme la voie ferrée
ne s'éloigne pas du rivage, nous ne perdons pas de

vue ce beau spectacle ; car ici, le rivage de la mer est aussi plat qu'il est abrupt et entrecoupé de promontoires du côté de la Méditerranée, surtout dans le golfe de Gênes.

Nous passons au bout de quelque temps à *Pesaro*, patrie de Rossini, dont la statue placée autrefois sur la place de la gare, a été transportée à l'intérieur de la ville ; et à *Sinigaglia*, ville de 22,000 habitants, autrefois détruite par Pompée, dans les guerres de Marius et de Sylla, et patrie de Pie IX, qui y naquit le 13 mai 1792. Bientôt apparaît à nos regards une ville très pittoresquement bâtie en amphithéâtre au fond d'une baie : c'est *Ancône*, ville de 28,000 habitants, dont 6,000 juifs.

Ancône fut fondée par des Grecs Doriens venus de Syracuse, qui lui donnèrent le nom de *Dorica ancon* (coude) à cause de la forme de son promontoire. En 1796, Ancône tomba au pouvoir des Français, puis les Autrichiens l'ayant occupée en 1799, elle fut reprise par les Français (en 1805), auxquels elle appartint jusqu'en 1815, époque où elle fit partie des États de l'Église. De 1832 à 1838, la citadelle fut encore occupée par des Français pour la défendre contre les Autrichiens qui occupaient les Marches. Après la bataille de Castelfidardo, en 1860, les Italiens l'occupèrent, et naturellement, elle fait maintenant partie du royaume italien.

Après Ancône, nous passons la station d'*Osimo*, puis nous traversons pour ainsi dire le champ de bataille de *Castelfidardo*, où les troupes pontificales, conduites par le vaillant Lamoricière furent battues le 28 septembre 1860 par le général italien Cialdini ; c'est là que trouva une mort glorieuse, le brave Georges de Pimodan, dont le monument a été élevé à Saint-Louis-des-Français à Rome.

La ville de *Lorette*, au pied de laquelle nous nous arrêtons, est située sur une éminence voisine de la mer; et nous apercevons de la gare la belle basilique qui nous attire en ce pays, et qui y amène, paraît-il, un demi-million de pèlerins chaque année. Des véhicules de toutes sortes nous attendent à la gare pour nous conduire à nos hôtels, ou plutôt à nos auberges respectifs. Malgré le grand nombre d'étrangers qui viennent visiter la *Santa Casa*, la ville de Lorette ignore encore les premiers éléments de ce que nous appelons le confortable. La cuisine, les lits laissent généralement fort à désirer. Mais nous n'avons qu'une nuit à passer à Lorette ; et vraiment, comme le disait notre excellent organisateur, M. l'abbé Legoux, à côté de la Santa Casa, où Notre-Seigneur n'avait pas non plus tout le confortable que nous pourrions réclamer, nous aurions tort de nous plaindre.

Dimanche 13 novembre.

Notre première visite, comme notre première pensée, le lendemain, est pour la *Santa Casa*. La *basilique* dans laquelle elle est enclavée a été bâtie au xv° siècle, mais restaurée plusieurs fois depuis. Elle présente une façade assez imposante construite sous Sixte-Quint, dont la statue colossale orne le perron qui y donne accès. Le clocher renferme une cloche de 11,000 kilogammes donnée en 1516 par Léon X. Trois magnifiques portes en bronze ferment la basilique du côté de la place.

A l'intérieur, je remarque principalement le Baptistère en bronze, avec de beaux bas-reliefs et des statues. Plusieurs chapelles latérales sont ornées de mosaïques, parmi lesquelles il faut surtout citer un saint François d'Assise, d'après le Dominiquin, et un saint Michel, d'après le Guide. Au croisement de la nef et des transepts se trouve la *Santa Casa* ou Sainte-Maison de Nazareth, apportée par les anges dans cet endroit béni. Elle avait d'abord été miraculeusement transportée à Tersate, en Dalmatie, en 1291 ; mais trois ans après, on la vit s'élever dans les airs, traverser l'Adriatique, et venir se poser sur le sommet d'une colline voisine de Recanati, près de l'endroit où s'élevait le village, devenu depuis la petite ville de Lorette.

L'extérieur de la Sainte-Maison a été très richement orné : elle est entourée d'une espèce de baldaquin en marbre, exécuté sur les dessins de Bramante et on y remarque de splendides hauts-reliefs représentant les sujets suivants : à l'ouest, l'Annonciation, de Sansovino ; au sud, la Natavité, du même ; à l'est, l'arrivée miraculeuse de la Santa Casa à Lorette, par Tribolo ; et en haut, la mort de la sainte Vierge, par Dom d'Aimo, de Bologne, dit aussi le Varignano ; enfin, au nord, la Nativité de la sainte Vierge, commencée par Sansovino, et achevée par d'autres artistes. Je ne fais que citer les principaux sujets de cette somptueuse ornementation qui décore l'extérieur de la Sainte-Maison. L'intérieur n'a été, au contraire, revêtu d'aucun ornement, et se présente tel qu'il devait être pendant les nombreuses années que Notre-Seigneur l'a habitée avec sa sainte Mère et saint Joseph. Un autel excessivement riche a seulement été élevé dans le fond, et au dessus on vénère la statue de Notre-Dame de Lorette, attribuée à saint Luc et couverte de pierreries.

Tout le monde sait que l'on conserve aussi dans cette Sainte-Maison, quelques objets, entre autres deux vases ou écuelles, ayant servi à la sainte Famille. Sauf les grandes Reliques de la Passion que l'on vénère à Rome, peut-il y avoir pour le voyageur chrétien des reli-

ques plus précieuses et plus touchantes que ces reliques
de la sainte Famille, et surtout cette maison bénie de
Nazareth que le Fils de Dieu a sanctifiée par une si
longue présence !

Je n'ai pas pu célébrer la sainte Messe à l'autel
même de la *Santa Casa*, mais après l'avoir dite à une
chapelle de cette glorieuse basilique qui a l'honneur
de l'abriter, j'ai quitté ce sanctuaire béni avec un certain regret, que tempérait seulement la pensée d'arriver le soir même dans la ville que Dieu a choisie
pour être le siège de son représentant sur la terre. La
ville est remplie d'une foule de pèlerins arrivés dès les
premières heures du jour, dans un costume plus original que gracieux. Les femmes sont pour la plupart
les jambes nues, avec chaussures montantes, revêtues
de jupes élargies et raidies par des espèces de crino-
lines, et la tête couverte d'un foulard rouge, couleur
qui domine dans tous leurs ajustements et qui est
d'ailleurs très chère aux Italiens, comme chacun sait.
Nulle part ailleurs en Italie, nous n'avons retrouvé
ces costumes typiques, si gracieux dans certaines pro-
vinces, et que tout le monde connaît, au moins par la
peinture. Partout maintenant on s'habille à la française : conséquence bonne ou mauvaise de la facilité des
communications. Avant de reprendre le chemin de fer,
nous allons faire une petite excursion sur la hauteur
qui domine Lorette, et de là, nous jouissons d'une
bien belle vue, sur l'Adriatique que nous allons quitter,
et sur les Apennins que nous allons traverser pour
nous rendre à Rome, et dont les plus hautes cimes
nous apparaissent toutes couvertes de neige. A nos
pieds s'étend le champ de bataille de *Castelfidardo*, par-
semé aujourd'hui, comme alors sans doute, de blanches
habitations qui animent le paysage et de nombreux
oliviers qui sont la principale richesse de ces contrées.

Pour se rendre de cette ville à Rome par le chemin
de fer, on retourne d'abord jusqu'à Ancône, puis on
laisse bientôt sur la droite la ligne de Bologne, et l'on
se dirige à l'ouest vers les montagnes. Après la station
d'*Iéri* la vallée que l'on suivait jusque-là se rétrécit
peu à peu ; les montagnes se rapprochent et forment
à certains endroits des gorges sauvages que suit la voie
ferrée, et que surmontent des rochers qui surplombent.
Un premier tunnel nous fait passer sous le *mont Rosso*,
et nous voilà dans la charmante vallée de *Fabriano ;*
mais nous avons encore à franchir la chaîne centrale
des Apennins : un autre tunnel de 2 kilomètres la perce
et nous conduit à *Foligno*, ville de 10,000 habitants
assez peu intéressante à visiter, malgré les nombreuses coupoles que nous découvrons de la gare. Après
cette ville, nous suivons la fertile vallée du *Clitumne*,
dont Virgile a vanté les troupeaux, et nous passons à
quelques villes intéressantes. C'est d'abord *Trévi*, la
Trebia des anciens, située pittoresquement sur la montagne à gauche ; puis *Spolète* (11,000 habitants) également dans un beau site. Elle est célèbre dans l'histoire par la résistance vigoureuse qu'elle opposa à
Annibal, lors de sa marche sur Picenum, après la bataille du Lac Trasimène (*Tit. Liv.*, XXII, 9). A partir
de Spolète, la voie monte pendant une heure, puis un
tunnel nous fait passer sous le *mont Somma*, et nous
arrivons à *Terni*, patrie de Tacite. Nous suivons alors
la vallée de la Néra jusqu'à *Narni*, patrie de l'empereur Nerva et du Pape Jean XIII, et qui se trouve
dans une pittoresque position sur un rocher élevé. De
Narni, la vallée continue et est plantée de magnifiques
forêts de chênes verts. Bientôt, nous franchissons le
Tibre, qui formait là, de 1860 à 1870, la limite des États
de l'Église, et nous arrivons à *Orte*, où nous continuons à descendre la vallée du Tibre. A notre droite,

s'élève une assez haute montagne: c'est le fameux *mont Soracte*, chanté par Horace (*Odes*, I, 9) et par Virgile (*En.*, VII, 785), et dont la cime la plus élevée est occupée par le couvent et l'église de Saint-Sylvestre, fondés par Carloman, fils de Charles-Martel et frère de Pépin le Bref. On sait que le Pape saint Sylvestre était retiré sur ce mont Soracte, lorsque Constantin donna enfin la paix à l'Église et demanda le baptême. — Un peu plus loin, c'est la station de *Monte-Rotondo*, où Garibaldi s'était prudemment retiré après avoir été battu à *Mentana*, qui se trouve à 2 kilomètres de là, le 3 novembre 1867. De Monte-Rotondo à Rome, le chemin de fer suit l'ancienne *voie Salaria*, et franchit l'Anio. A gauche, on découvre les monts Sabins et Albains ; le dôme de Saint-Pierre qui domine au loin nous fait deviner, car il fait nuit, la ville éternelle et au bout de quelque temps, nous y faisons notre entrée par la Porta Maggiore.

ROME

Lundi 14 novembre.

« Il nous serait impossible de vous dire ce qu'on éprouve lorsque Rome vous apparaît tout à coup... La multitude des souvenirs, l'abondance des sentiments vous oppressent ; votre âme est bouleversée à l'aspect de cette Rome qui a recueilli deux fois la succession du monde, comme héritière de Saturne et de Jacob. » (Châteaubriand.) C'est bien là en effet l'impression qui vous saisit lorsque pour la première fois, on foule le pavé de cette ville. Capitale du monde païen et du monde chrétien, elle est remplie de souvenirs que l'on rencontre à chaque pas et qui rendent vivantes l'histoire profane et l'histoire ecclésiastique ; et quand on visite ces ruines et ces monuments qui nous parlent du passé ou nous rappellent les principales gloires de l'Église, on revit tous les siècles qui ont lentement passé devant nos yeux pendant nos études classiques et théologiques.

Du reste, c'est sous ce point de vue seulement que la ville de Rome est vraiment intéressante. Ses rues étroites et tortueuses, bien souvent fort sales parce que, l'écoulement des eaux y est très primitivement ménagé, ses églises et ses monuments généralement peu intéressants à l'extérieur, malgré les améliorations nombreuses qu'y ont apportées les Papes depuis quelques siècles, donnent une assez triste idée de ce que devait être la ville de Rome au moyen âge. Elle est loin de répondre à l'idée que nous nous faisons aujourd'hui d'une belle ville moderne ; le Gouvernement italien voudrait sous ce rapport y apporter de grandes modifications : nous ne les regretterions pas si ce nouvel état de choses ne devait pas nuire à l'esprit chrétien qui, malgré tout, anime encore la majeure partie de la population romaine ; et si surtout ces améliorations matérielles n'étaient pas le fait d'un Gouvernement usurpateur, dont l'intention est avant tout de faire disparaître la Rome des Papes sous l'éclat d'une Rome italienne.

Fidèle à la promesse que je me suis faite de n'écrire que ce que j'ai vu, je me contenterai de donner, jour par jour, l'itinéraire que j'ai suivi dans la visite des monuments et des églises de Rome, me contentant d'ailleurs de ne citer que les principales curiosités et les principaux chefs-d'œuvre, si nombreux dans cette ville que l'on pourrait comparer à un immense musée.

Le lundi 14 novembre, vers sept heures du matin, j'avais le bonheur de célébrer pour la première fois le saint Sacrifice dans la capitale du monde chrétien. Logé à l'*hôtel de l'Orient, via del Tritone*, dans le voisinage de l'église *San-Andrea delle Frate*, j'ai tenu à dire ma première messe à Rome dans cette église à l'autel même où en 1842, M. de Ratisbonne fut miraculeusement converti par une Madone. Cette chapelle est la deuxième à gauche en entrant par le grand portail. Au-dessus de l'autel, se trouve toujours le tableau de l'Immaculée-Conception, devant lequel se convertit le futur Père de Ratisbonne ; à droite de l'autel, on voit un autre tableau représentant l'apparition de la Vierge au juif, et à droite le baptême de Ratisbonne qui eut lieu au Gesù, le 31 janvier suivant Ces deux tableaux de Cadès ont été placés ici aux frais du prince Torlonia.

Après la messe, je dirige mes pas, avec mes compagnons de voyage et d'hôtel vers le *Panthéon*, le plus beau monument du Champ de Mars d'autrefois, bâti en l'an 27 par Agrippa en l'honneur de Jupiter Vengeur. Sur la frise on lit cette inscription : *M. Agrippa L. F. C. tertium fecit*. En 202, il fut restauré par Septime-Sévère et Caracalla. Il est précédé d'un péristyle de 16 colonnes de granit par 8 de front. A l'intérieur, le temple est circulaire, ce qui lui a fait donner le nom de *Rotonda*, et couvert d'une coupole ronde de 43 mètres 50 de diamètre. Une large ouverture au sommet laisse pénétrer à l'intérieur la lumière et... la pluie, car cette ouverture n'est pas vitrée. On remarque à l'entrée des pilastres en *pavonazzeto*, marbre blanc veiné de violet, très rare. C'est en 608 que le Pape Boniface IV a consacré ce temple sous le nom de *Santa-Maria ad Martyres ;* et on y compte 16 chapelles. Les restes de Raphaël et d'Annibal Carrache reposent dans ce sanctuaire, et en janvier 1878, le Gouvernement italien y a également fait déposer le corps de Victor Emmanuel.

Près de là se trouve l'église de *Saint-Louis-des-Français*, notre église nationale. Bâtie en 1589 aux frais de Catherine de Médicis, elle se compose de trois nefs divisées par des pilastres. La deuxième chapelle à gauche, dédiée à sainte Cécile, a été décorée aux frais d'un drapier de Noyon dont on n'a pu me faire connaitre le nom : c'est la plus belle de toute l'église au point de vue artistique. Sur l'autel, on admire une magnifique copie de la sainte Cécile de Raphaël, par le Guide ; à la voûte et sur les parois latérales, belles fresques du Dominiquin relatives à la vie de sainte Cécile ; entre autres scènes, une distribution de vêtements aux pauvres et la mort de la sainte.

En face de cette chapelle, contre le pilastre, on voit une pyramide élevée à la mémoire des soldats français morts au siège de Rome en 1849 ; et dans le bas côté gauche se trouve aussi le tombeau du vaillant Georges de Pimodan, tombé à Castelfidardo, le 18 septembre 1860, pour la défense des droits du Saint-Siège. Au maitre-autel, je remarque une belle Assomption de Bassan le Vieux.

La *via della Scrofa* nous mène rapidement ensuite à l'*église Saint-Augustin*, une des rares églises ogivales de Rome, datant du xve siècle. Elle a aussi trois nefs séparées par des piliers cantonnés de colonnes. En entrant, se trouve la fameuse *Madonna del Porto*, de Sansovino, qui est à Rome l'objet d'une grande vénération. Dans le transept droit, nous remarquons l'autel de Saint-Augustin avec un beau tableau du Guerchin. Au maitre-autel, dessiné par le Bernin, on vénère une image de la Vierge connue sous le nom de *Joie du ciel*, et qui vient de Constantinople. Le Pape

Innocent VIII la porta en procession à Rome à la peste
de 1485. Le corps de sainte Monique repose sous l'autel, dans une magnifique urne de vert antique. Enfin,
dans la grande nef, sur le troisième pilier à gauche,
on remarque une fresque bien connue de Raphaël, le
prophète Isaïe assis, malheureusement en mauvais état.
Cette église est surmontée d'une coupole, comme la
plupart des églises de Rome ; mais celle-ci est la première qui ait été élevée dans la ville ; elle date de
1580.

Après le déjeuner, des voitures nous attendent pour
nous transporter jusqu'à la nuit. Voici les monuments
et les églises que nous avons vus pendant cette journée très remplie.

Nous passons d'abord à la *Fontaine de Trévi*. Cette
fontaine, peut-être la plus abondante du monde, et
certainement la plus belle de Rome, fut achevée par
Benoît XIV. Neptune, entouré de tritons et de chevaux
marins, s'avance à travers les écueils : tout cela en
marbre sculpté par Pietro Bracci. Dans le haut, plusieurs scènes en bas-reliefs, entre autres celle qui représente la jeune fille montrant aux soldats romains
la source de la fontaine. De là vient le nom d'Acqua
Vergine donné à l'aqueduc qui l'alimente et qui fut
construit par Agrippa, en l'an 27 av. J.-C., pour des
thermes qui existaient près du Panthéon. Le nom de
Trévi que porte aujourd'hui cette fontaine vient sans
doute de ce qu'autrefois elle avait trois bouches.

De là nous nous rendons au *Forum de Trajan*. Ce
forum était entouré de portiques et orné de statues,
avec une basilique où conduisait un escalier dont on
voit encore les traces. C'est l'administration française
qui, en 1812, déblaya ce forum. On y retrouva un grand
nombre de colonnes brisées qu'on rétablit sur leurs
bases. Au milieu s'élève la célèbre *Colonne de Trajan*,

érigée à ce prince en 114 après sa victoire sur les Daces. Elle est d'ordre dorique, et se compose de trente-quatre blocs superposés de marbre de Carrare, avec des bas-reliefs admirablement sculptés représentant les campagnes de Trajan. On y compte deux mille cinq cents figures d'hommes, sans compter les chars et les animaux, augmentant de grandeur, à mesure qu'elles s'élèvent, de sorte que les figures du haut paraissent aussi grandes que celles du bas. C'est le pape Sixte, Quint qui releva cette colonne et y fit placer la statue de saint Pierre par della Porta.

Voici maintenant la plus grandiose, la plus belle ruine de Rome, et en même temps une des plus touchantes au point de vue chrétien. C'est le *Colisée*, élevé de l'an 72 à 80 par Vespasien et Titus, à la place d'un lac artificiel qui ornait les jardins de Néron. Cet immense amphithéâtre, construit par des prisonniers juifs, eut pour architecte Gaudentius qui se fit chrétien et y fut livré aux bêtes. On y donna des jeux jusqu'au vi° siècle. C'est au viii° seulement qu'on lui donna le nom de Colisée (Colosses), probablement à cause de la statue colossale de Néron, peut-être aussi à cause des dimensions extraordinaires de l'édifice lui-même. Au xv° siècle, on en exploita les ruines comme une carrière, pour élever, entre autres constructions, les palais Farnèse et Barberini, d'où le dicton : *Quod non fecerunt Barbari, fecere Barberini*. A la décharge des Barberini, qui n'ont fait que suivre un vieil exemple, nous devons dire que c'est à partir du ix° siècle que l'on commença à se servir des matériaux des anciens monuments de Rome pour en construire de nouveaux. « Rome fut dès lors librement pillée par les Romains, les colonnes et les marbres furent employés à la construction des églises ; les beaux sarcophages des héros servirent aux usages domestiques les plus vils ; l'ou-

vrier se fit une table avec le cippe d'un grand de Rome,
ou la plaque d'albâtre de la toilette d'une matrone :
Rome fut pendant des siècles comme un grand four
dans lequel on jeta les marbres les plus précieux pour
en faire de la chaux ; et quoique le pillage ait duré des
siècles, les trésors de l'antiquité ne furent pas épui-
sés. » (Bœdeker.) Depuis Benoît XIV. les Papes tinrent
à honneur de conserver les anciens monuments, et
surtout le Colisée ; et on fit quelques réparations nécessaires à sa solidité. Que de souvenirs, en effet, nous
rappelle-t-il ! que de chrétiens ont répandu ici leur
sang pour affirmer la divinité de notre sainte Religion !

En sortant du Colisée par la porte qui regarde le
Forum, on remarque un tertre pyramidal : c'est la
meta sudans, ou fontaine conique, dans laquelle les
gladiateurs venaient se laver en sortant de l'amphithéâtre. A quelque distance, à droite, on voit aussi les
restes du piédestal gigantesque qui soutenait la fameuse
statue colossale de Néron. A gauche, se dresse, encore
majestueux, l'*Arc de Constantin,* élevé par le Sénat et
le peuple à ce prince vainqueur de Maxence et de Lici-
nius. Il se compose de trois arcades ornées de huit colonnes corinthiennes surmontées de statues de rois
prisonniers. Il est orné de bas-reliefs qui proviennent
probablement d'un arc élevé à Trajan sur la voie
Appienne, car les scènes que représentent ces bas-
reliefs ont rapport à la vie de Trajan. L'arc de Constantin a été dégagé sous le Pontificat de Pie VII, et se
trouve assez bien conservé. Derrière ce monument
commence la *via di San-Gregorio* qui sépare le Palatin
du mont Cœlius, et qui conduit à l'*église San-Gregorio.* Elle a été bâtie par saint Grégoire le Grand lui-
même sur l'emplacement de la maison paternelle, et
dédiée tout d'abord à saint André ; plus tard on la
dédia à son saint fondateur. C'est donc de là que sont

Les Catacombes

partis les apôtres de l'Angleterre, et surtout le premier de tous, saint Augustin. L'église a été rebâtie en 1725, et se compose de trois nefs séparées par seize colonnes antiques de granit. On y conserve dans une chapelle au fond, la chambre occupée par saint Grégoire, avec la pierre sur laquelle il dormait et son siège de marbre. Dans une autre chapelle à gauche, on montre deux antiques images de la Vierge, dont l'une, paraît-il, remonte à saint Grégoire, et un magnifique tabernacle en marbre du xvi* siècle.

Du portique qui précède cette église, on a une vue complète du mont Palatin et des ruines du palais des Césars qu'il renferme.

Tout près de là, sur la droite en sortant, se trouve une autre église, élevée dès le iv* siècle, en l'honneur des martyrs *saint Jean et saint Paul*, et sur l'emplacement même de leur demeure. Au milieu de la nef, on montre l'endroit où ils ont été décapités. L'église est précédée d'un portique soutenu par huit colonnes ioniques, avec deux lions en marbre antique, de chaque côté de la porte. C'est près de cette église qu'on montre la chambre occupée par saint Paul de la Croix.

Reprenant ensuite la *via di Porta di S. Sebastiano*, nous la quittons un instant pour voir, tout près de là, les *Thermes de Caracalla*, construits par cet empereur en 212, agrandis depuis par Héliogabale, et achevés par Alexandre Sévère. Ces thermes, qui pouvaient contenir 1,600 baigneurs, étaient d'une merveilleuse somptuosité : on y a retrouvé une foule de statues, de mosaïques, etc., et ce qui en reste aujourd'hui, malgré la nudité du mur et l'absence du toit, donne encore une haute idée de la grandiose magnificence, et de la perfection de cet édifice. On y reconnaît encore le *péristyle*, le *frigidarium*, le *caldarium*, le *tepidarium*, etc.

En face se trouvait un *stadium*, où sans doute une
partie des baigneurs se rendaient en sortant des Thermes
pour y prendre un salutaire exercice.

Continuant notre route sur la via di S. Sebastiano,
nous rencontrons d'abord sur notre gauche, un curieux spécimen du *Columbaria* dans la Vigna Codini.
On appelle ainsi des sépultures communes, consistant
en des chambres souterraines plus ou moins grandes,
dont les parois étaient percées de petites niches arron-
dies par le haut, ressemblant un peu à des nids de
pigeons dans un colombier, d'où leur nom. Chacune
de ces niches recevait une couple d'urnes cinéraires.
La *Vigna Codini* renferme trois de ces colombaires,
et l'un d'eux était destiné à recevoir les restes des af-
franchis de Pompée. C'est tout près de là que se
trouvent les ruines du *tombeau des Scipions*.

Immédiatement avant d'arriver à la Porta di San
Sebastiano, on rencontre un arc de triomphe, élevé
l'an 8 av. J.-C. en mémoire des victoires de Claudius
Drusus Germanicus. Cet arc, nommé *Arc de Drusus*,
se compose d'une seule arcade en travertin avec une
corniche de marbre, et deux colonnes également en
marbre de chaque côté. Au dessus passait le canal-
aqueduc qui amenait l'eau aux Thermes de Caracalla.
C'est derrière cet arc que se trouve la *Porta di San
Sebastiano*, appelée aussi *Porta Appia*, et que commence
cette célèbre *voie Appienne*, construite par le consul
Appius Claudius, en 312 av. J.-C. jusqu'à Capoue, et
continuée ensuite jusqu'à Brindes ; elle porte aussi le
nom de *voie des Tombeaux* à cause des nombreux
sépulcres dont elle est bordée sur un assez long parcours. Nous suivons cette voie pendant deux ou trois
kilomètres, et nous y rencontrons plusieurs monuments
fort intéressants.

D'abord le petit sanctuaire du *Domine quo vadis*,

élevé à l'endroit où saint Pierre aurait rencontré
Notre-Seigneur quand il fuyait la persécution : en face.
le *tombeau* circulaire *de Priscilla*. Un peu plus loin,
à quelque distance de la voie, on découvre les ruines
d'un *Temple de Bacchus*, et d'un *cirque* élevé en 311
en l'honneur de Romulus, fils de Maxence, et dont le
mur extérieur a été conservé. A droite s'élève la *Basilique de Saint-Sébastien*, une des sept principales basiliques antiques de Rome. Bâtie sur l'emplacement où
sainte Lucine fit inhumer le corps de saint Sébastien,
elle a été reconstruite en 1611. Elle est précédée d'un
portique orné de six colonnes de granit. L'intérieur
est à une seule nef. A droite en entrant, dans la première chapelle, on vénère de bien précieuses reliques :
la pierre de la via Appia sur laquelle Notre-Seigneur
a laissé la trace de ses pieds quand il rencontra saint
Pierre qui quittait Rome ; une flèche qui a transpercé
le corps de saint Sébastien, et la colonne où ce glorieux martyr fut attaché. Son corps repose sous l'autel
d'une autre chapelle à gauche : on y admire une belle
statue du saint par le Bernin. — Le maître-autel est
orné de quatre belles colonnes en vert antique ; et au
fond de l'abside, on vénère un Christ qui parla à saint-
Philippe de Néri.

C'est dans l'église que s'ouvre la *catacombe de Saint-
Sébastien*, mais nous ne l'avons pas visitée ; nous nous
réservions pour celle de *Saint-Calliste* qui se trouve
un peu plus loin sur la même voie. Cette *catacombe*,
dans laquelle nous descendions quelques minutes plus
tard, est la plus vaste et peut-être la plus intéressante
de toutes. Elle porte aussi le nom de *Sainte-Cécile*,
parce qu'on y a retrouvé le corps de cette sainte. A
l'entrée, on voit sur les murs des inscriptions faites
par les pieux visiteurs des ive et ve siècles. La principale chapelle de cette catacombe est la *crypte des*

Papes, découverte en 1851 avec l'autel où on célébrait autrefois le saint Sacrifice. A côté, à gauche, est la *chapelle de Sainte-Cécile*, où l'on retrouva son corps dans un état de parfaite conservation. On y voit encore sur le mur l'image de la sainte, avec celle du Pape saint Urbain (avec son nom) en habits pontificaux. Il y a encore beaucoup d'autres chapelles moins importantes, mais bien intéressantes à cause des nombreuses peintures qui recouvrent les murs. Citons surtout : la *chapelle des Sacrements*, où l'on remarque un poisson portant du pain et du vin (symbole de Notre-Seigneur dans l'Eucharistie), le bon Pasteur, Moïse frappant le rocher, la multiplication des pains et aussi la *chapelle Saint-Corneille*, où l'on voit Noé, Job, Jonas, le paralytique emportant son grabat : toutes peintures qui datent du 1er et du 11e siècle.

Avant de quitter les catacombes, je dois noter un souvenir. Le bon Père qui nous y servait de guide et nous donnait d'excellentes explications sur ces cimetières et ces peintures si curieuses, était un compatriote, né à Noailler, à deux lieues de chez moi ; j'ai vivement regretté que le temps me manquât pour faire plus ample connaissance avec lui, et aussi que la catacombe de Saint-Callixte fut relativement trop éloignée pour me permettre de revenir le voir.

En sortant de cette catacombe, nous avançons encore un peu sur la voie Appienne, jusqu'au *tombeau de Cécilia Metella* : c'est une grosse tour assise sur un soubassement carré en travertin, avec la base, la frise et l'entablement en marbre blanc. Ce monument est assez bien conservé. On jouit de cet endroit d'une belle vue sur les environs de Rome, sur la campagne romaine, le Latium, les monts de la Sabine et les monts Albains. On y voit surtout très bien les restes gigantesques et encore imposants du fameux *aqueduc de Claude*, qui amenait l'eau de Subiaco, à 40 kilomètres de Rome.

Nous remontons alors dans nos voitures qui nous conduisent, à travers un chemin bien boueux, il faut le dire, à la *Basilique de Saint-Paul-hors-les-Murs;* car notre première journée à Rome est surtout consacrée à la visite des monuments du dehors. Cette basilique, une des cinq majeures, a été bâtie sur l'emplacement d'une villa appartenant à sainte Lucine, qui y aurait déposé le corps de saint Paul, après son martyr qui eut lieu à trois kilomètres plus loin sur la même voie d'Ostie. Le pape Anaclet y érigea un oratoire; au IVe siècle, on y éleva une basilique qui fut incendiée à peu près totalement en 1823. Léon XII et ses successeurs la firent reconstruire avec une grande magnificence, et Pie IX la consacra le 10 décembre 1854, au milieu d'une grande affluence d'évêques venus à Rome pour la proclamation du dogme de l'Immaculée-Conception.

La Basilique, peu intéressante à l'extérieur, se compose de cinq nefs divisées par quatre-vingts colonnes en granit du Simplon, d'ordre corinthien, qui lui donnent un aspect majestueux. Le plafond est à caissons richement sculptés et ornementés. A l'extrémité de la grande nef, près du chœur, se dressent de chaque côté les statues colossales de saint Pierre et de saint Paul; et au-dessus de l'entablement, une suite de médaillons nous donne le portrait de tous les Papes.

Le maître-autel est surmonté d'un baldaquin gothique soutenu par quatre colonnes de porphyre rouge; au-dessus se trouve un second baldaquin, de style renaissance, avec quatre autres colonnes en albâtre oriental rappelant un peu la peau du tigre d'Afrique; elles sont presque transparentes et portées sur des bases de malachite. C'est là que repose le corps de l'apôtre des nations, moins la tête qui est à Saint-Jean-de-Latran. A côté de l'autel, on admire un beau chandelier pascal du xii° siècle.

L'abside est ornée d'une mosaïque représentant Notre-Seigneur bénissant, avec Honorius III et les douze apôtres, c'est une reproduction de l'ancienne, détruite par l'incendie. Sur l'arc de triomphe, au-dessus de la confession, on a reproduit l'ancienne mosaïque du v° siècle, connue sous le nom d'*arc de Placidie*.

Nous revenons après cette visite par la *voie d'Ostie* pour rentrer dans Rome. Une *petite chapelle* que nous rencontrons avant d'arriver à la *Porta di S. Paolo*, nous rappelle le lieu où saint Pierre, saint Ignace et saint Paul se séparèrent avant d'aller au martyre. Ce souvenir y est consacré par une inscription placée entre deux petites colonnes sur la façade du monument et commençant par ces mots : *In questo luogo si separarono S. Pietro et S. Paolo audando al martirio*.

Puis nous rentrons dans la ville par la *Porte de Saint-Paul*, autrefois *Porte d'Ostie*, auprès de laquelle se trouve *le sépulcre* pyramidal de *Caius Cestius*, et nos voitures nous reconduisent à l'hôtel en nous faisant suivre la *via della Marmorata*, qui longe le Tibre pendant quelque temps. Nous constatons alors qu'il mérite aujourd'hui comme au temps d'Horace et de Virgile l'épithète de *flavus* : car les eaux en sont toutes jaunâtres.

Mardi 15 novembre.

Le lendemain de cette journée déjà si bien employée, après avoir encore célébré la sainte Messe à l'église Saint-André, mais cette fois à l'autel de Saint-François-de-Paule, je dirige mes pas vers l'*église de*

Saint-Ignace, où Mgr l'évêque de Coutances célèbre
la messe à laquelle les pèlerins sont convoqués, L'é-
glise de Saint-Ignace date du xviie siècle, c'est dire
qu'elle est aussi bâtie dans le style de la renaissance.
L'intérieur est à trois nefs divisées par d'énormes pilastres. La quatrième chapelle à droite est celle de
Saint-Louis-de-Gonzague ; elle est ornée avec une richesse extraordinaire. Une urne de lapis-lazzuli renferme le corps du saint. Au-dessus de l'autel, un beau
bas-relief de Legros représente le triomphe de saint
Louis de Gonzague. Dans la chapelle voisine, au fond
de l'église, on voit le mausolée de Grégoire XV, également de Legros. — En face de l'autel de Saint-Louis-
de-Gonzague est l'autel de la sainte Vierge, avec un beau
bas-relief représentant l'Annonciation sur les dessins
du P. Pozzi. Sous l'autel repose le B. Jean Berchmans,
qui doit prochainement être canonisé. Cette église est
contiguë au célèbre *Collège Romain*, où l'on a conservé les *chambres* de saint Louis de Gonzague et de
saint Jean Berchmans. Ce collège, enlevé aux Jésuites
en 1870, est aujourd'hui un Lycée. L'Observatoire que
le P. Secchi y avait installé est toutefois resté aux
Pères Jésuites.

Après notre déjeuner, nos voitures sont encore là
qui nous attendent avec une exactitude dont nous devons, je crois, être plus reconnaissants envers l'agence
qui dirige notre voyage qu'envers les cochers italiens.
Rendons toutefois à ces derniers cette justice qu'ils
ont toujours été fort polis à notre égard, et surtout
que jamais aucun d'eux ne s'est trouvé pris de bois-
son : plus exemplaires sous ce rapport que les cochers
de Paris.

Notre première visite de ce jour est pour l'église
Santa Maria della Vittoria, autrefois dédiée à saint
Paul. Le nom a été changé après la victoire remportée

par Maximilien de Bavière sur les protestants à Prague,
en 1620. L'intérieur, décoré par Ch. Maderne, est remarquable par l'abondance et la variété du marbre.
Le jubé, rare dans les églises de Rome, est d'une richesse extraordinaire. La deuxième chapelle à droite
est ornée d'un beau tableau du Dominiquin : la Vierge
remettant l'enfant Jésus entre les bras de saint François, et de fresques du même artiste relatives aussi à
la vie de saint François (remarquer surtout celle qui
représente le saint recevant les stigmates). Dans la
quatrième chapelle, également à droite, belle statue
de saint Joseph recevant pendant son sommeil l'ordre
de garder Marie, par D. Guidi. La première chapelle à
droite renferme la magnifique statue de sainte Thé-
rèse, par le Bernin.

Près de là se trouvent les *thermes de Dioclétien*
dont les ruines sont peu intéressantes, mais dans le
Caldarium desquels on a érigé une église appelée *Sainte-
Marie-des-Anges*. M. Ampère dit à ce propos : « Une
des plus belles églises de Rome faite avec une salle des
thermes qui portent le nom du plus acharné persécu-
teur des chrétiens, quel triomphe, et quelle noble ven-
geance du christianisme (Ibid. Introd., LXII). Michel-
Ange qui fut chargé de cette transformation, conserva
huit colonnes de granit des thermes, sans les changer
de plan, et on en ajouta huit autres en briques peintes
couleur de granit. Dans ce qui est aujourd'hui la nef,
on remarque, à droite, la magnifique statue de saint
Bruno, par le sculpteur français Houdon. Clément XV
disait de cette statue : « Il parlerait, si la règle de son
ordre ne le lui défendait. » Dans le transept droit,
belle copie du crucifiement de saint Pierre, du Guide,
dont l'original est au Vatican, et une résurrection de
Tabita par Baglioni ; à gauche, même sujet par Cos-
tanzi. Dans le chœur, trois beaux tableaux : la Pré-

sentation de la Vierge, par Romanelli ; la mort de Sa-
phire, par Roncalli ; le Baptême de Notre-Seigneur,
par Maratta ; et la célèbre *fresque* du Dominiquin représentant le *martyre de saint Sébastien*, dont la copie
en mosaïque est à Saint-Pierre. A l'entrée de l'église,
on voit les tombeaux de Maratta et de Salvator Rosa.

En sortant de cette église, nous reprenons la *via di
venti settembre,* qui porte ce nom depuis que les
troupes du Gouvernement italien, ou plutôt de la révolution et des sociétés secrètes auxquelles il obéit, sont
entrées par cette rue dans la ville de Rome, le 20 septembre 1870, et ont enlevé complètement au pape le
pouvoir temporel dont il jouissait depuis tant de
siècles, et qui est une condition nécessaire de la liberté
dont il doit jouir dans l'exercice de sa souveraineté
spirituelle. Cette rue commence à la *Porta Pia* qui fut
achevée par Pie IX lui-même dont elle porte le nom,
et qui devait précisément servir de passage à ceux qui
venaient lui enlever son pouvoir temporel. A gauche de
cette porte, en sortant, le mur porte quelque couronne
et une inscription en mémoire de la brèche qu'y firent
les soldats italiens dans ce jour glorieux pour la Révolution.

A 1,500 mètres environ de la *Porta Pia,* s'élève la
basilique de Sainte-Agnès-hors-des-Murs, bâtie à l'endroit où furent inhumés les restes de la jeune martyre, dans une villa que ses parents possédaient sur la
voie Nomentane. Cette basilique, élevée par Constantin en 324, a conservé jusqu'ici, malgré les restaura-
tions que le temps a rendues parfois nécessaires, sa
forme primitive, et nous donne par conséquent une
idée exacte des basiliques des premiers siècles du christianisme. Avant d'y pénétrer, on nous montre un tableau représentant un accident arrrivé au pape Pie IX
en 1853, dans une visite qu'il faisait à l'église de Sainte-

Agnès. Le plancher de la salle où il se trouvait avec son entourage, s'effondra tout à coup, mais personne ne fut blessé.

Nous descendons ensuite un large escalier qui conduit à la basilique : il est rempli de chaque côté d'inscriptions très intéressantes tirées de la catacombe de Sainte-Agnès. L'église comprend trois nefs séparées par seize colonnes antiques, dont deux de *pavonazetto*, marbre violet très rare, avec une galerie supérieure destinée aux femmes (*gynécée*). La voûte est très richement ornée de bas-reliefs représentant sainte Agnès, sainte Cécile et sainte Suzanne. Dans la deuxième chapelle à droite, on admire un buste du Sauveur attribué à Michel-Ange; et la chapelle du transept gauche renferme une image de la Vierge datant du iv° siècle. — Le maître-autel est surmonté d'un baldaquin soutenu par quatre colonnes de porphyre rouge à points blancs fort rare : c'est dans cet autel que repose le corps de sainte Agnès avec celui de sainte Emérentienne, sa sœur de lait. Près de cet autel se trouve un beau candélabre antique en marbre blanc. L'abside est décorée d'une mosaïque du vii° siècle, due à Honorius I°° et dont les personnages sont très longs relativement à la grosseur de leur tête. C'est dans cette église de Sainte-Agnès qu'à lieu chaque année, le 21 janvier, la bénédiction des deux agneaux dont la laine sert à faire les *pallium* destinés aux archevêques.

A côté de cette Basilique s'élève la petite église circulaire de *Sainte-Constance*, édifiée aussi par Constantin, pour le baptême des deux Constances, sa sœur et sa fille. La coupole de cet édifice circulaire, qui à 22 mètres de diamètre, est soutenue par douze colonnes germinées, en granit, avec chapiteaux en marbre. Les travées de la coupole sont ornées de mosaïques antiques où l'on distingue des scènes de vendanges, des méandres, des ornements géométriques qui alternent. On y voit aussi deux mosaïques du viiiᵉ siècle, représentant Notre-Seigneur donnant les clefs à saint Pierre, et Notre-Seigneur bénissant les apôtres saint Thomas et saint Philippe. Le beau sarcophage de porphyre qui renfermait ici le corps de sainte Constance est aujourd'hui au musée du Vatican.

Nous rentrons maintenant dans Rome, et nos guides nous ramènent sur la *place Barberini*, où s'élève l'église de *Sainte-Marie-de-la-Conception*, ou église *des Capucins*. qui date du xviiiᵉ siècle. Au-dessus de la porte d'entrée, on voit une belle copie de la mosaïque de la Navicella, que l'on admire sous le portique de Saint Pierre. L'intérieur de l'église est très simple; on y trouve pourtant un chef-d'œuvre du Guide, saint Michel terrassant Lucifer, que des critiques anglais vont jusqu'à comparer, comme perfection, à l'Apollon du Belvédère.

A côté de l'église se trouve le curieux *cimetière des Capucins* qui mérite une petite visite. Ce sont des caveaux dont la voûte et les parois sont *ornés* d'ossements humains, formant des rosaces, des guirlandes, des lustres, des *loculi* comme aux catacombes. Cet amas d'ossements, sans nombre, vous fait penser à la vision d'Ezéchiel. — On y remarque en particulier les squelettes de deux jeunes princes Barberini soutenant une couronne.

La via Sistina nous conduit de là à l'église de la *Trinité-des-Monts*, précédée d'un immense et magnifique *escalier* qui descend jusqu'à la *place d'Espagne*. Cette place, beaucoup plus longue que large, est ornée d'une fontaine appelée *Barcaccia*, à cause de sa forme qui ressemble à une barque. Vers l'extrémité méridionale, s'élève la belle *Colonne de l'Immacolata*. Cette colonne a été trouvée derrière le palais du Monte-

Citorio, et élevée ici par Pie IX, en mémoire de la proclamation du dogme de l'Immaculée-Conception de la sainte Vierge, dont elle porte la statue. Son soubassement, orné de bas-reliefs, est entouré de quatre piédestaux supportant les statues colossales de Moïse, David, Isaïe et Ezéchiel.

Entrons maintenant dans l'*église de la Trinité-des-Monts*, qui a été bâtie par Charles VIII, roi de France, et restaurée par Louis XVIII. — Dans la première chapelle à droite, nous voyons un beau tableau : le Baptême de Notre-Seigneur, et des fresques représentant des scènes de la vie de saint Jean-Baptiste, par Naldini ; dans la troisième chapelle, une Assomption de Daniel de Volterre, et une fresque, le massacre des Innocents, par Alberti. Dans la cinquième chapelle de gauche, on admire le chef-d'œuvre de Daniel de Volterre, la *Descente de Croix* peinte d'après les cartons de Michel-Ange ; enfin, dans la chapelle voisine, une autre Descente de Croix, bas-relief en marbre d'Achterimann.

Dans un cloître du couvent attenant à cette église et occupé par les Dames françaises du Sacré-Cœur, on vénère une *Mater mirabilis*, fresque moderne peinte par une jeune novice, et qui est devenue l'objet d'une grande vénération : la sainte Vierge y est représentée à l'âge de treize ans environ, et filant dans les parois du temple. De l'esplanade de l'église, on jouit déjà d'un beau panorama sur toute la ville ; mais nous le quittons bientôt pour monter au *Pincio* qui est voisin, et d'où la vue est encore plus belle et plus complète. Le *Monte Pincio* est le lieu de promenade des Romains : chaque jour, vers deux ou trois heures, il est couvert et sillonné d'équipages qui viennent en faire le tour comme on fait au bois de Boulogne le tour du Lac, et qui descendent ensuite au Corso, comme à Paris on

descend les Champs-Elysées, et on parcourt les boulevards. Cette promenade du Pincio est fort agréable ;
ornementée de statues, de bustes, et plantée de magnifiques palmiers, d'aloès, mais elle manque un peu
d'étendue, comme aussi le Corso ; cependant cette
courte promenade paraît largement suffire à l'indo-
lence des Romains.

Du Monte Pincio, nous descendons aussi vers le
Corso; et sur la *Piazza del Popolo,* qui est au bas de
la promenade, nous visitons l'église *Santa-Maria del
Popolo,* qui fut érigée là au xiᵉ siècle, sur l'emplacement du tombeau de Néron, mais qui fut depuis restaurée au xviiᵉ siècle. C'est dans cette église que
Luther célébra pour la dernière fois les saints Mys-
tères, avant de lever l'étendard de la révolte contre
l'Église. — Je remarque surtout dans cette église la
deuxième chapelle, à droite, appelée chapelle des *Cibo,*
qui fut dessinée par Fontana, et qui est une des plus
belles de Rome. On y compte seize colonnes en jaspe
de Sicile, et elle est ornée de marbres variés et de
quelques beaux tableaux. — Au maître-autel, on vénère une image miraculeuse de la Vierge, attribuée à
saint Luc. La voûte du chœur est ornée d'une belle
fresque du Pinturicchio représentant le couronnement
de Marie. Remarquons enfin à gauche, la chapelle
Chigi, dessinée et bâtie par Raphaël : elle est de forme
octogone, et surmontée d'une belle petite coupole avec
lanterne, et ornée de mosaïques représentant la création du firmament, d'après les dessins de Raphaël.

Nous descendons alors la belle *rue du Corso,* et nous
y visitons tout d'abord l'église *S. Lorenzo in Lucina,* qui
date, paraît-il, du xiᵉ siècle, mais dont le nom « *in
Lucina* » a une origine inconnue. Elle est précédée
d'un portique ancien orné de fresques, et n'a qu'une
seule nef. Au maître-autel, se trouve la magnifique

toile du Guide représentant le *Christ en Croix;* malheureusement, la lumière lui manque un peu pour l'éclairer, surtout au moment où nous la voyons. C'est dans cette église que l'on vénère les précieuses reliques du martyre de saint Laurent, conservées sous l'autel de l'Immaculée-Conception, à savoir : les chaînes et le gril de saint Laurent, et aussi deux vases qui contiennent de son sang, et un où l'on conserve un peu de sa chair rôtie. Le gril se compose de grosses barres de fer de 2 mètres de long sur 1 mètre de large, avec six pieds qui le fixaient sur une table de marbre ; cette table est conservée à Saint-Laurent-hors-les-Murs.

Plus bas, dans le Corso, se trouve l'église de *Santa-Maria in via lata,* où l'on conserve une image de la Vierge attribuée à saint Luc, et qu'on a trouvée dans la crypte : mais ce qui rend cette église intéressante, c'est une crypte connue sous le nom de *Prison de saint Paul.* C'est en effet en cet endroit que se trouvait la maison de Martial, soldat chargé de la garde de l'apôtre des nations, qui y serait resté deux ans, suivant la tradition. Saint Pierre et saint Luc durent aussi y séjourner et y prêcher la parole de Dieu. En descendant l'escalier de gauche qui se trouve sous le portique de l'église, on rencontre dans cette crypte, une première salle avec une colonne à laquelle Martial, avant sa conversion, attachait saint Paul, et une source que celui-ci aurait fait jaillir pour baptiser son gardien ; puis on voit une seconde salle où se trouve un autel, avec un bas-relief représentant saint Pierre, saint Paul, saint Luc et Martial. On suppose que ces saints apôtres ont célébré autrefois le saint sacrifice dans cette crypte : c'est là aussi que j'ai eu le bonheur de dire la messe moi-même le lendemain 16 novembre.

Nous remontons de là vers le Quirinal afin de terminer cette journée par la visite de l'église *Saint-An-*

dré-du-Quirinal, que nous n'avions pu visiter au début.
Cette église, voisine du palais du Quirinal, où réside
maintenant le roi d'Italie, est l'église paroissiale du
palais, et la reine, paraît-il, y vient assez souvent,
peut-être pour demander à Dieu pardon de la sacrilège
occupation de Rome par son mari. — L'église est précédée d'un portique semi-circulaire à colonnes ioniques. L'intérieur est de forme ovale, et richement
décoré. On y compte cinq chapelles : au maître-autel
dédié à saint André, il y a un beau tableau de son
martyre par Guil-Courtois. Une autre chapelle est dédiée à saint Stanislas Kostka, dont les reliques sont
sous l'autel ; au-dessus, tableau du saint par Maratta.
C'est à côté de cette église que se trouve le *noviciat
des Jésuites*, et on y conserve la *cellule de saint Stanislas Kostka* convertie en chapelle: le pape Léon XIII y
célébra sa première messe le 1er janvier 1838. A l'endroit où le saint a rendu son âme à Dieu, une magnifique statue de Legros le représente à ses derniers
moments: cette statue, en marbre blanc et noir, est
admirable d'expression et de vérité.

En sortant de cette église pour rentrer à l'hôtel,
nous jetons un regard sur la *place* et le *palais du
Quirinal*. Sur la place, appelée aussi *Piazza Monte
Cavallo*, se dresse un obélisque flanqué des deux célèbres dompteurs de chevaux, en marbre, qui déco-
raient jadis l'entrée des Thermes de Constantin, et
qui ont bien peu changé de place, puisque le palais du
Quirinal a été bâti au xvie siècle sur les ruines de ces
thermes. Grégoire XVI et Pie IX l'ont fait richement
décorer à l'intérieur. On pourrait leur dire aujour-
d'hui, hélas! « *Sic vos non vobis* ». Pie VII y mourut
en 1823. Il en était déjà sorti par la force sous Napoléon Ier en 1809, et y était rentré en 1815. Pie IX le
quitta aussi le 24 novembre 1849, au moment des

troubles de Rome, pour se rendre à Gaète : il y rentra
au mois d'avril suivant. C'est au Quirinal que se
tenaient autrefois les conclaves pour l'élection des
Papes.

Depuis 1870, le Quirinal, enlevé à la Papauté, est
devenu le palais royal. Victor Emmanuel, son premier
usurpateur, y mourut encore jeune, au bout de trois
jours de maladie, en janvier 1878, un mois avant l'auguste vieillard qu'il avait dépossédé. Était-ce déjà un
acte de la justice de Dieu? Le roi Humbert y règne
aujourd'hui. si l'on peut appeler ainsi le rôle que lui
fait jouer la révolution. Je suis persuadé qu'il aimerait
mieux occuper son palais Pitti de Florence, et laisser
le pape seul roi de Rome. Mais il ne paraît pas avoir
l'énergie nécessaire pour imposer sa propre volonté,
et pour s'opposer aux entreprises des sociétés secrètes.
Il est de ces gens sans caractère et sans volonté dont
la révolution aime à se servir, puisqu'ils doivent se
borner à sanctionner ses mesures et à donner un semblant de prestige à son organisation.

Mercredi 16 novembre.

C'est à la *prison de saint Paul*, au Corso, comme je
le disais plus haut, que je célèbre aujourd'hui la
sainte Messe. Après le saint Sacrifice, je vais avec un
confrère, visiter l'église de *Sainte-Agnès sur la place
Navone*. Cette *place*, une des plus grandes et des plus
régulières de Rome, est établie sur l'emplacement de
l'ancien cirque agonal. Elle est décorée de trois fontaines, dont celle du milieu, plus grande que les deux
autres, a été élevée par le Bernin, et est surmontée
d'un obélisque de granit rouge. — L'église a été bâtie
à l'endroit même où sainte Agnès a été martyrisée
vers l'âge de treize ans. L'intérieur, à croix grecque.
est d'une grande richesse, surtout en marbres. Il n'y

a de peintures qu'à la voûte ; sur les autels, ce sont de
très beaux bas-reliefs représentant entre autres sujets,
les martyres de sainte Agnès, de sainte Emérentienne
et de sainte Cécile. — On descend dans une crypte qui
était autrefois le *Lupanor,* où la jeune sainte fut con-
duite pour être livrée à la bestiale brutalité de ses
bourreaux, mais où le bon Dieu la protégea miraculeusement. Au bas de l'escalier, on rencontre une première salle avec un autel, orné de bas-reliefs de l'Al-
garde, représentant sainte Agnès revêtue miraculeusement de ses cheveux, puis une seconde salle qui fut
autrefois sa prison, enfin une troisième où elle fut
décapitée.

Voici maintenant l'itinéraire que notre caravane a
suivi dans la journée, et les monuments et curiosités
que nous avons visités. Partant par la *place d'Es-*
pagne et la *via dei Condotti,* nous nous arrêtons tout
d'abord au *palais Borghèse,* pour en visiter la *galerie*
qui se compose de huit cents tableaux. La cour du
palais est vraiment grandiose avec les portiques qui
l'entourent, et ses quatre-vingt-seize colonnes de granit. Voici les principaux tableaux de la galerie : Ire salle :
le Sauveur, de Léonard de Vinci ; Madone du Pérugin ;
— IIe salle : Copie du Jules II de Raphaël par Jules
Romain ; Madone d'Andréa del Sarto, et surtout Christ
au tombeau de Raphaël ; — IIIe salle : Flagellation de
Séb. del Piombo ; — IVe salle : Sybille de Cumes de Dominiquin ; — V^e^ salle : Chasse de Diane, du même ; —
VIe salle : Mère de Douleurs du Guerchin ; — la VIIe
salle est la salle des Glaces, contenant des peintures
très fines sur glace d'un bel effet ; — IXe salle : Noces
d'Alexandre et de Roxane, fresques de Raphaël ; —
X^e^ salle : L'amour sacré et l'amour profane, chef-
d'œuvre du Titien ; — XIIe salle : Christ de Van Dyck,
et Visitation de Rubens.

Continuant dans la même direction, nous arrivons bientôt au bord du Tibre, et devant le *Pont* et le *château Saint-Ange*. Ce pont, le plus beau de toute la ville, est orné, à l'entrée, des statues de saint Pierre et de saint Paul, et sur les parapets, on voit dix autres statues d'anges qui portent les instruments de la Passion : les deux derniers sont du Bernin, les autres sont de ses élèves.

Le *château Saint-Ange*, qui se dresse majestueux, en face, juste dans l'axe du pont, a été construit par l'empereur Adrien pour lui servir de tombeau. Il reçut en effet ses restes et ceux d'Antonin le Pieux, de Marc-Aurèle, de Commode et de Septime-Sévère. Il était autrefois tout revêtu de marbre, avec plusieurs rangs de colonnes, de sorte qu'il était d'une grande magnificence. L'an 590, pendant une peste effrayante qui décimait la ville, saint Grégoire le Grand, portant l'image de la Madone, se dirigeait pieds-nus vers Saint-Pierre avec la procession, lorsqu'un ange se montre sur la cime du mausolée, remettant son épée au fourreau : c'était le signal de la cessation du fléau ; et depuis, ce monument a porté le nom de Château-Saint-Ange. On en fit une forteresse qui joua un grand rôle dans les guerres que les Papes eurent à soutenir au moyen âge ; aujourd'hui, il sert de fort et de caserne. Un souterrain, construit par Alexandre VI, le met en communication avec le Vatican.

Du Château-Saint-Ange, la *via di Borgo nuovo* nous conduit directement à Saint-Pierre ; mais, avant d'y arriver, nous visitons l'église *Santa-Maria in Traspontina*. Cette église n'a d'intéressant que deux reliques bien précieuses : ce sont les colonnes où furent attachés saint Pierre et saint Paul, et que l'on conserve dans une chapelle à gauche. Elles sont élevées sur un banc de marbre blanc, et enveloppées d'une autre colonne rouge, avec une ouverture à la base pour permettre de voir les colonnes intérieures, Celle de saint Pierre porte cette inscription : *Hæc est columna ad quam ligatus fuit sanctus Petrus, et flagellatus et verberatus a Nerone imperante.*

Tout près de là se trouve une petite église *Saint-Jacques in scossa Cavalli,* où l'on conserve deux pierres qui seraient: l'une, celle du sacrifice d'Isaac, l'autre, celle sur laquelle Notre-Seigneur aurait été déposé lors de sa Présentation au temple. Sainte-Hélène les aurait fait transporter à Saint-Pierre, suivant la tradition; mais, arrivés en cet endroit, les chevaux auraient refusé d'aller plus loin : d'où le nom donné à cette église.

Mais voici que se présente maintenant devant nous la magnifique *place de Saint-Pierre,* vraiment imposante avec l'incomparable colonnade qui l'entoure de chaque côté, et la majestueuse basilique qui la termine. Cette place est de forme elliptique ; elle mesure 196 mètres de large, et la colonnade qui l'entoure a immortalisé le nom de Laurent de Bernin. Cette *colonnade* est composée de deux cent quatre-vingts colonnes sur quatre de front, et de soixante-quatre pilastres d'ordre dorique et toscan ; et sur la balustrade qui la surmonte on compte cent quatre-vingt douze statues colossales. Au milieu de la place se dresse un *obélisque* qui ornait autrefois, non loin de là, le cirque de Néron, et que Sixte-Quint a fait élever sur cette place en 1586, par Fantana. Disons d'ailleurs en passant que c'est ce Pape qui a fait dresser presque tous les obélisques qui ornent les places de Rome, ce qui lui a valu chez les Romains le nom de Pape des obélisques. La place Saint-Pierre est aussi ornée de deux belles fontaines de Maderne.

Avant d'entrer à Saint-Pierre, quelques mots de

l'histoire de cette basilique. — Les restes de l'apôtre
saint Pierre ayant été transportés après son martyre
dans les grottes du Vatican, le pape Anaclet lui érigea,
en l'an 90, un modeste oratoire. Au iv° siècle, lorsque
Constantin se convertit, ce prince résolut d'y élever
une basilique et il en posa la première pierre. Plus
tard, le pape Jules II voulut la remplacer parce qu'elle
tombait en ruines, et il s'adressa au Bramante, qui lui
proposa un plan de croix grecque avec coupole. Léon X
confia l'achèvement de cette œuvre à Julien Sangallo
et à Raphaël, qui lui donnèrent la forme de croix
latine pour l'agrandir; mais ce plan nouveau ne fut
pas encore exécuté, car Michel-Ange survint qui reprit
la forme de croix grecque et enfin elle fut provisoi-
rement terminée, avec l'immense coupole actuelle,
en 1590, sous Sixte-Quint, par Jacques della Porta.
C'est l'architecte de Paul V, Ch. Maderne, qui ajouta
trois travées à la nef, et qui retomba ainsi dans la forme
à croix latine, ce qui donne plus d'étendue au monument, et en fait le plus grand édifice religieux du
globe. Malheureusement, cette mesure a eu pour effet
de rejeter en arrière, le gigantesque dôme, qui perd
ainsi de sa majesté, et qui surtout paraît beaucoup
moins élevé qu'il ne l'est réellement. La dédicace de
cette Basilique eut lieu le 18 novembre 1626, sous le
pontificat d'Urbain VIII. Son immense sacristie date
de 1780.

La *façade de Saint-Pierre* a été dessinée par Charles
Maderne : elle a 117 mètres de large sur 50 de haut,
et se compose de huit majestueuses colonnes, et de
quatre pilastres supportant un attique, surmonté des
statues de Notre-Seigneur et des douze apôtres, de
5 mètres de hauteur. Au bas de l'escalier qui monte
au portique, sont, de chaque côté, deux autres statues
gigantesques de saint Pierre et de saint Paul. Péné-

trons maintenant dans ce sanctuaire unique au monde
par ses dimensions et aussi par ses richesses. Il est
précédé d'un immense *portique* dessiné aussi par Ch.
Maderne, et qui pourrait à lui seul être une grande
église. Au-dessus de la porte qui fait communiquer le
Portique avec la Place, on voit la célèbre mosaïque de
la *Navicella*, reproduction de l'œuvre de Giotto, du
XIII° siècle : c'est la scène de saint Pierre marchant
sur les eaux. Au fond du portique, à gauche, belle
statue de Charlemagne, par Cornacchioni ; à droite,
statue équestre de Constantin ; mais cette dernière
n'est maintenant visible que dans l'escalier du Vatican, car depuis 1870, on a fermé la communication
qui existait entre le portique et le Vatican par cet escalier. Cinq portes donnent entrée dans l'église ; la
cinquième à droite, est murée, car c'est la *Porta
Santa*, ou porte du Jubilé. Celle du milieu est en
bronze avec de beaux bas-reliefs qui représentent des
scènes religieuses, mais encadrées de scènes mythologiques ; anomalie qu'on ne peut guère expliquer.

On a tant de fois répété que la première impression
ressentie par le voyageur qui entre à Saint-Pierre est
loin de répondre à l'immensité réelle de l'édifice, qu'il
serait téméraire de prétendre le contraire. Je dois
pourtant avouer, qu'après avoir vu Notre-Dame de
Paris, Saint-Sernin de Toulouse, la cathédrale de Milan, Saint-Pétronius de Bologne, c'est-à-dire des églises
qui sont au nombre des plus grandes, j'ai immédiatement reconnu que Saint-Pierre est réellement beaucoup plus vaste que ces monuments. Peut-être cependant mon impression première a-t-elle été sous ce
rapport, moins exacte encore que la seconde et la
troisième ; mais il n'en est pas moins vrai que j'ai eu,
dès mon entrée dans cette Basilique, une idée assez
exacte de son immensité. Je crois que ce qui cause

une déception chez les visiteurs, c'est la présence relativement voisine des énormes pilastres qui séparent
la grande nef des nefs latérales; mais si l'on s'applique
à faire abstraction de ces pilastres, et à concentrer
son attention uniquement sur la hauteur de la voûte,
sur la profondeur et l'éloignement de l'abside que l'on
n'aperçoit d'ailleurs que vaguement dans le lointain,
derrière l'immense baldaquin de la Confession, on aura
alors, dès son entrée à Saint-Pierre, une idée assez
juste de ses proportions.

Voici d'ailleurs ces proportions : l'intérieur de
l'église a 186 mètres 98 de long; la hauteur de la
grande nef est de 45 mètres, sa largeur de 25 ; la largeur totale aux transepts est de 137 mètres, enfin la
coupole a 117 mètres de haut, et 45 mètres environ
de diamètre, un peu plus que le diamètre du Panthéon
d'Agrippa. Les quatre piliers qui soutiennent cette
coupole sont assez vastes pour qu'on ait pu construire,
au croisement de la via del Quirinale avec celle des
quattro Fontane, une église, *San-Carlo*, qui a juste
les mêmes proportions qu'un de ces piliers.

Je ne veux ni ne puis donner la description complète
de Saint-Pierre, ni même la liste entière des chefs-
d'œuvre qu'on y admire. Je me contenterai de rappeler, comme je l'ai fait pour tous les monuments que
j'ai visités, les choses qui m'ont le plus frappé. Dans
la *nef latérale droite*, la première chapelle, près de
l'entrée, renferme une célèbre *Pietà*, groupe en marbre,
de Michel-Ange à vingt-quatre ans, malheureusement
peu éclairée. Dans la chapelle de Saint-Sébastien, à la
deuxième travée, belle mosaïque du *martyre de saint
Sébastien*, copiée sur la célèbre fresque du Dominiquin que nous avons vue à Sainte-Marie-des-Anges.
Dans la troisième chapelle, qui est celle du Saint-Sacrement, on admire un magnifique tabernacle en

bronze, orné de pierres précieuses, et dessiné par le
Bernin. C'est à cette chapelle que j'ai eu le bonheur
de célébrer la sainte Messe, le mercredi 23 novembre.
A droite, dans cette même chapelle, est un autel dédié
à saint Maurice, avec la copie en mosaïque d'une Descente de croix de Michel-Ange qui est au Vatican. —
La quatrième chapelle est la *chapelle Grégorienne* dont
l'autel est tout brillant d'albâtres, de pierres précieuses et d'améthystes. — Après cette chapelle vient
l'immense transept droit de la Basilique, lequel a
servi de salle conciliaire au Concile œcuménique de
1869. — Au-delà de ce transept, au fond de la nef latérale droite est l'autel de Sainte-Pétronille, au-dessus
duquel se trouve la plus belle mosaïque de Saint-Pierre,
la *sainte Pétronille* du Guerchin, dont l'original est à
la galerie de tableaux du Capitole.

Si nous suivons maintenant la *nef latérale gauche*,
à partir de l'entrée, nous trouvons la chapelle des
Fonds baptismaux, la chapelle de la Présentation, la
chapelle du Chapitre ou *chapelle Sixtine*, où ont lieu
les offices du Chapitre de Saint-Pierre, puis l'entrée
de la Sacristie. Ensuite vient le transept méridional,
avec l'autel du Crucifiement de Saint-Pierre, et la mosaïque du Crucifiement du Guide. Au-delà du transept,
du côté de l'abside, chapelle de la *Madonna della Colonna*, et de Saint-Léon-le-Grand.

Revenons maintenant à la *grande nef*. Sur les deux
premiers pilastres se trouvent les fameux *bénitiers*,
soutenus par des anges-enfants, qui de l'entrée paraissent de petite taille, mais qui n'ont pas moins de
deux mètres. Sur chaque pilastre, se trouve la statue
colossale d'un saint, fondateur d'ordre religieux. —
Au pied du dernier pilastre, à droite, repose la *statue
assise de saint Pierre* qui fut érigée, dit-on, par saint
Léon au v⁰ siècle comme actions de grâces de la déli-

vrance des hordes d'Attila : elle aurait été fondue avec le bronze d'une antique statue de Jupiter Capitolin. Le gros orteil du pied droit de cette statue est usé par les baisers des fidèles qui, de temps immémorial, ont toujours pratiqué cet acte de dévotion envers le chef des apôtres, en venant prier à son tombeau.

Nous sommes maintenant sous la *coupole*. Sur les piliers qui la supportent se voient les statues colossales de saint Longin, avec la lance ; de sainte Hélène, la croix à la main ; de sainte Véronique étendant le saint Suaire ; et de saint André, dont la statue est la meilleure des quatre. Au-dessus de ces statues, sont quatre médaillons ovales, paraissant de dimensions modestes, mais qui mesurent 7 mètres de haut, et qui contiennent les portraits en mosaïque des quatre Évangélistes. La plume que saint Luc tient à la main mesure deux mètres, bien que d'en bas elle paraisse avoir la dimension d'une plume ordinaire. Dans une niche qui surmonte la statue de sainte Véronique, on conserve les *reliques insignes* de la Lance, du saint Suaire et de la vraie Croix ; et au-dessus de la statue de sainte Hélène, le chef de saint André. Les deux premiers piliers qui supportent la coupole sont ornés de deux magnifiques mosaïques : ce sont des copies des deux plus grands chefs-d'œuvre de peinture que l'on connaisse : la *Transfiguration* de Raphaël, et la *Dernière communion de saint Jérôme*, du Dominiquin. Les originaux, que l'on admire au Vatican, ont été reproduits ici au quadruple de leur grandeur, et font un magnifique effet.

Dans la frise qui forme la base de la coupole, sur un fond en mosaïque d'or, on lit cette inscription en lettres gigantesques de sept pieds de haut : *Tu es Petrus et super hanc petram ædificabo Ecclesiam meam, et portæ inferi non prævalebunt adversus eam.* — La

concavité de la coupole est divisée en seize compartiments ornés de stucs dorés et de mosaïques représentant, au premier rang, des portraits de pontifes et
d'évêques; au second, Jésus, Marie, saint Jean Bap-
tiste, saint Paul et les douze apôtres; enfin, au dessus, des anges.

C'est au-dessous de la coupole, à l'entrecroisement
des nefs et des transepts, que se trouve le *maître-autel*,
élevé de sept degrés en marbre. Il est surmonté du
célèbre *baldaquin* ou *ciborium* du Bernin. Ce baldaquin est soutenu par quatre magnifiques colonnes
torses en bronze, entourées de guirlandes dorées de
laurier, et d'élégantes statuettes d'enfants jouant dans
le feuillage. Ces colonnes supportent une corniche à
laquelle est supendue une draperie en bronze, décou-
pée. Aux quatre angles, des anges soutiennent quatre
consoles renversées dont le point de jonction est couronné par un globe surmonté d'une croix. Le bronze
de ce monument provient du portique et de la toiture
du Panthéon d'Agrippa, et le baldaquin a une hauteur
totale de 29 mètres.

Sous le maître-autel se trouve la *Confession* ou *Tombeau* où repose le corps du prince des apôtres. On y
descend par un double escalier en marbre, au pied duquel on admire une belle statue de Pie VI en prières,
par Canova. Une porte dorée, admirablement ciselée,
et flanquée de quatre colonnettes d'albâtre oriental,
forme la Confession, à laquelle on peut accéder aussi
par l'escalier de la crypte. Mais cette crypte est aujourd'hui fermée par raison de prudence, et personne
n'y peut pénétrer. Tout autour de la Confession, sur
le pavé de l'église, règne une balustrade en marbre,
orné de quatre-vingt-treize lampes en cuivre doré, qui
brûlent nuit et jour.

Si l'on veut jouir d'une vue magnifique sur **Rome**

et ses environs, il faut faire l'*ascension de la Coupole*.
L'entrée se trouve près des Fonts baptismaux à
gauche. Un grand escalier, ou plutôt une rampe en
pente douce, dont les parois sont couvertes d'inscriptions rappelant des jubilés ou des ascensions de souverains, vous conduit d'abord au-dessus de la nef.
C'est comme une vaste place, qui ne manque même
pas d'animation, car on y trouve les *San Pietrini* qui
travaillent à la réparation de l'édifice, et dont on
y voit les petits logements. Un second escalier vous
conduit ensuite au sommet de la coupole : on peut
pendant l'ascension jeter un coup d'œil à l'intérieur de
l'église, et se faire alors une idée de l'élévation à laquelle on se trouve déjà. La grande coupole est surmontée d'une petite entourée d'une balustrade extérieure, ce qui permet d'en faire le tour. C'est de là
que l'on jouit d'un *Panorama* unique sur Rome, la
campagne romaine, les montagnes et la Méditerranée.
On peut, par curiosité, et si votre taille modeste vous
permet de gravir l'étroite échelle de fer qui y conduit,
se hisser jusque dans la boule en bronze qui supporte
la croix, et dans laquelle, malgré sa petitesse apparente
quand on la voit d'en bas, seize personnes peuvent tenir
à l'aise.

En quittant la place Saint-Pierre, pour continuer
notre visite aux églises, nous nous dirigeons sur notre
droite par le *Borgo San Spirito*, et nous entrons dans
le quartier appelé le *Transtevère* (au delà du Tibre),
dont la propreté laisse peut-être un peu à désirer,
mais dont la fidélité au Vicaire de Jésus-Christ est
restée, paraît-il, généralement inébranlable : c'est dans
ce quartier, d'ailleurs, qu'habitent la plupart des *San
Pietrini*, chargés de tout ce qui concerne l'entretien,
l'ornementation et la réparation de la grande basilique.
Notre première visite dans ce quartier est pour l'*église*

Saint-Onofrio, qui s'élève sur le mont Janicule. Elle est précédée d'un portique orné de fresques du Dominiquin relative à saint Jérôme. A l'intérieur, les regards sont tout d'abord attirés par les peintures de la voûte, où le Pinturicchio et Peruzzi ont représenté la Vierge avec l'Enfant Jésus, le Massacre des Innocents et la Fuite en Égypte. Dans l'église, on remarque de beaux et antiques Fonts baptismaux ; puis, dans une chapelle à gauche, le riche monument élevé par Pie IX à la mémoire du Tasse, et exécuté par le chevalier Fabris. A côté de l'église, les moines ont conservé la chambre habitée par le Tasse, et dans laquelle il est mort le 24 avril 1595 : on y voit un certain nombre d'objets qui lui ont appartenu, et une fresque frappante représentant l'auteur de la *Gerusalemme liberata*. On admire aussi dans le corridor qui conduit à cette chambre, une autre belle fresque de Léonard de Vinci : la Vierge et l'Enfant Jésus. Il y a une belle vue dans le jardin où s'inspirait le poète, sous un chêne qui a été remplacé depuis.

Nous descendons de cette église pour suivre la longue rue de la *Lungara*, qui nous conduit au bas de la *via Garibaldi*. Cette dernière monte en circuit au sommet du Janicule, où nous arrivons, *sur la Place di Montorio*. Si on en excepte le sommet de la coupole de Saint-Pierre au Vatican, c'est d'ici que l'on jouit de la plus belle vue sur Rome et ses monuments, et même sur la campagne romaine, le mont Socrate, les monts Sabins et les monts Albains. C'est sur cette montagne du *Janicule* que Janus, roi des Aborigènes, régnait en même temps que Saturne régnait lui-même sur le mont Capitolin. Ancus Martius, le quatrième roi de Rome, l'entoura de murailles, et depuis, elle fit partie de la ville, dont elle était la meilleure forteresse. C'est par là qu'en 1849, le général Oudinot entra avec nos soldats; et l'on voit, sur l'esplanade qui précède l'église, un monument élevé aux soldats italiens qui périrent dans ce siège. La tour et l'abside de l'église furent alors endommagées par les obus et les boulets.

L'église de *Saint-Pierre in Montorio* s'appelle ainsi de la couleur du sable qui en forme le sol (monte orio, mont d'or), et elle a été élevée en mémoire du prince des apôtres, crucifié sur cette montagne. A l'intérieur, je remarque surtout, dans la première chapelle à droite, une magnifique peinture à l'huile sur pierre, de Sebast. del Piombo, représentant Jésus à la colonne, d'après les dessins de Michel-Ange, et les belles fresques de la voûte, du même artiste, représentant la Transfiguration. La fameuse Transfiguration de Raphaël ornait autrefois le maître-autel de cette église: elle y a été remplacée par une belle copie du Crucifiement de saint Pierre, du Guide, dont l'original est aussi au Vatican. Remarquons encore la belle balustrade du chœur, en jaune antique, construite avec des colonnes provenant des jardins de Salluste.

Dans la cour du couvent voisin, on voit un gracieux *petit temple* rond du Bramante, élevé en 1502, et surmonté d'une coupole que supportent treize colonnes en granit noir. Au centre de ce petit sanctuaire, on voit une fosse où aurait été plantée la croix de saint Pierre. Si l'on monte pendant quelques minutes derrière l'église, on rencontre la *Fontaine-Pauline*, élevée par Paul V, d'après les dessins de J. Fontana et Ch. Maderne. Elle consiste en une grande façade de cinq arcades, séparées par des colonnes ioniques de granit rouge, provenant du Forum de Nerva. L'eau s'échappe en grande abondance des cinq arcades et tombe dans un bassin, elle vient du lac de Bracciano, à 50 kilomètres de Rome.

De là, nous redescendons dans le Transtévère, et

nous nous rendons à l'église de *Saint-François-Ripa*.
Elle n'a rien d'intéressant, mais les bons Pères nous
montrent avec orgueil une chambre habitée par le patriarche d'Assise, pendant qu'il soignait les malades
d'un hôpital voisin. Cette cellule a été convertie en
chapelle et on y a conservé une pierre qui servait d'o-
reiller à saint François. Sur l'autel, on voit un portrait du saint peint de son vivant, et un très beau et
riche reliquaire, dont un ingénieux mécanisme, in-
venté par un franciscain, découvre et referme à la fois
tous les compartiments.

La *via di S.-Francesco* nous conduit directement à
Santa-Maria in Trastevere, la première église de Rome
qui ait été dédiée à la Mère de Dieu. Elle avait été
consacrée par le pape saint Calixte en 224; elle fut
refaite au xv⁰ siècle. Sur la façade on voit une belle
mosaïque du xii⁰ siècle représentant la Vierge donnant
le sein à l'Enfant Jésus, et de chaque côté, les vierges
sages et les vierges folles. L'intérieur est à trois nefs
séparées par vingt et une colonnes en granit, provenant d'un temple d'Isis et de Sérapis. Beau pavé, et
belle voûte où le Dominiquin a peint une Assomption.
A l'entrée, à droite, se trouve un superbe tabernacle,
en marbre, de Mino di Fiesole. Au fond de la nef latérale droite, est une chapelle renfermant l'image véné-
rée sous le nom de *Madonna dell' umillà*, ou de *Strada
Cupa*. Cette image était peinte sur les murs d'une vigne
dans la rue de ce nom: plusieurs miracles s'y étant
opérés au xvii⁰ siècle, Urbain VIII la fit transporter à
Sainte-Marie.

Au fond de l'abside, au-dessus d'un siège épiscopal
antique, on lit cette inscription : *Prima ædes Deipara
dicata*. La voûte de cette abside est décorée d'une belle
mosaïque du xii⁰ siècle représentant le Christ et la
Vierge assis, avec de nombreux personnages de chaque

côté. Au dessus se trouve une autre mosaïque du xive siècle, où l'on voit six scènes relatives à la vie de Notre-Seigneur et de Marie. A la naissance du sanctuaire, en bas, à droite, se trouve une ouverture circulaire dont l'orifice est revêtu de marbre blanc, et où on lit : *Fons olei*. Là aurait coulé, suivant la tradition, une fontaine d'huile au moment de la naissance du Sauveur. — Au pilier voisin, on conserve la pierre qu'on attacha au cou de saint Callixte lorsqu'on le précipita dans le puits ; son corps repose sous l'autel, avec ceux de saint Jules et de saint Corneille, ses successeurs.

Il reste au Transtévère, une église bien intéressante, par laquelle nous terminons cette belle journée, c'est l'*église de Sainte-Cécile*. Elle fut construite en l'an 230 par le Pape Urbain Ier sur l'emplacement de la maison de Valérien, époux de sainte Cécile qui y avait été martyrisée, et elle fût complètement restaurée en 1599. Cette église est précédée d'une grande cour ou *atrium*, et on y voit encore à droite un grand vase en marbre (*cantharus*) qui ornait l'*atrium* de l'ancienne Basilique. A droite, en entrant dans l'église, se trouve la *salle de bains* de la maison de Valérien, où Sainte-Cécile souffrit le martyre : on y voit encore les restes des conduites ou tuyaux en terre par lesquels la vapeur montait dans le *Caldarium*, et deux soupiraux, dans l'un desquels on distingue une chaudière. Cette salle a été convertie en chapelle, et la pierre sur laquelle la sainte eut la tête tranchée est la pierre même de l'autel.

L'église est peu intéressante au point de vue artistique. On y remarque cependant la voûte peinte par Conca, et la mosaïque de l'abside, datant du ixe siècle, et représentant le Christ bénissant, avec divers personnages, entre autres la Vierge, saint Pierre et saint Paul, sainte Cécile, etc. Il est à remarquer que dans cette mosaïque, saint Pierre est à gauche de Notre-

Seigneur et saint Paul à sa droite ; car chez les Grecs,
la place d'honneur était à gauche. Sous le maître-autel,
qui est surmonté d'un baldaquin avec colonnes antiques en marbre, se trouve la magnifique *statue* d'Et.
Maderné, en marbre blanc, représentant exactement
sainte Cécile dans la position où le cadinal Sfondrato
a retrouvé le corps en 1599. On sait que le corps de la
sainte était alors dans un état de parfaite conservation :
il repose dans la crypte au-dessous, avec ceux des SS.
Tiburce, Valérien et Maxime.

Pour rentrer, nous traversons le Tibre sur le *Pont
Saint-Barthélemy*, autrefois *Pont Cestius*, puis l'*Ile
Saint-Bartélemy*, autrefois *insula Tiberina*, enfin le
Pont di quattro Capi, jadis *Pont Fabricius* ; puis nous
entrons dans le quartier juif, connu sous le nom de
Ghetto ; mais ce quartier a beaucoup perdu de son cachet, bien qu'il n'en soit guère devenu plus propre :
aujourd'hui, il n'est plus exclusivement affecté aux
descendants de Jacob.

Jeudi 17 novembre.

C'est à *Sainte-Cécile au Transtévère*, que je célébrai
ce jour-là la sainte Messe dans le *caldarium* où elle fut
martyrisée. Ma matinée fut ensuite consacrée à la visite du *Musée du Capitole*. On sait que le *Capitole* était
comme la montagne sacrée des Romains, et qu'ils y
avaient bâti une citadelle et un temple à Jupiter où
l'on se rendait en grande pompe, pour célébrer le
triomphe sur les ennemis. Aujourd'hui, le palais bâti
sur le mont Capitolin a un cachet tout moderne, qui
rappelle fort peu l'ancien Capitole, bien qu'il en ait
conservé le nom. Un grand et large escalier en as-
phalte conduit sur la place. En haut de cet escalier
sont deux statues de dompteurs de chevaux ; et aux
dernières marches, à gauche, on voit une louve en

cage en souvenir de la fondation de Rome. Sur la *place*,
dessinée par Michel-Ange, se dresse le belle statue
équestre de Marc-Aurèle, qui était autrefois sur le Forum. Le palais du fond de la place est le *Palais séna-
torial*, qui date du xiv° siècle, et est surmonté d'un
haut Campanile. Le perron est de Michel-Ange : on y
voit au milieu une fontaine avec la statue de Rome ;
à gauche, celle du Nil, et à droite celle du Tibre. Le
palais de droite est le *Palais du Conservateur*, où l'on
a établi une galerie de tableaux ; et celui de gauche
est le *Musée du Capitole*.

Le reste de notre journée sera aujourd'hui consacré
à la visite du *Palatin* et du *Forum*. Toutefois, en ar-
rivant sur la *Place Bocca della Verità*, pour commencer par la visite du Palatin, nous ne pouvons nous dis-
penser de jeter un coup d'œil dans *l'église Santa Maria in Cosmedin*, ou *Santa-Maria Bocca della Verità*, bâtie au iii° siècle sur les ruines d'un temple de Cérès et
de Proserpine. On ignore l'origine de son premier nom ;
mais le second lui vient de l'énorme figure en marbre
que l'on voit encore sous le portique, et dans la bou-
che de laquelle les Romains mettaient la main pour at-
tester la vérité. — L'intérieur est à trois nefs. A droite
en entrant se trouve la sacristie où l'on voit un
fragment d'une très ancienne mosaïque (l'Adoration
des Mages), qui provient d'une chapelle que le Pape
Jean VII avait érigée en l'honneur de la sainte Vierge
dans l'ancienne basilique de Saint-Pierre au Vatican.
Le maître-autel consiste en une urne de granit rouge,
et est surmonté d'un *Ciborium* gothique : on y vénère
une image de la Vierge rapportée d'Orient pour la
soustraire aux iconoclastes ; c'est un chef-d'œuvre
de l'École byzantine, et elle porte l'inscription :
Θεοτοχος αει χαρθενος. — Au fond de l'abside, on voit
un siège d'évêque du xii° siècle, dont les custodes de

l'église font, par erreur, et peut-être aussi un peu par
vanité, le siège épiscopal de saint Augustin. — Il y a
aussi dans cette église deux ambous du xie siècle, en
marbre, très remarquables. Près de cette église, sur les
bords du Tibre, s'élève un *petit temple* très élégant et
bien conservé, auquel on donne le nom de *Temple de
Vesta*, et qui est aujourd'hui un petit sanctuaire sous
le titre de *Santa Maria del sole*. Il est de forme circulaire, et autour de la Cella on compte dix-neuf colonnes en marbre blanc qui forment un portique également circulaire. Est-ce là vraiment un temple de Vesta, ou un temple d'Hercule ? *Adhuc sub judice lis est.*

Nous nous acheminons de là vers le *mont Palatin*,
en passant par l'ancien *Vélabre*, où s'élève l'*arc à
quatre faces de Janus Quadrifrons*, et à côté celui des
Orfèvres; puis nous montons sur la colline du Palatin.
C'est ici que l'on peut venir méditer sur le néant des
choses de ce monde : car cet endroit, couvert autrefois de tant de merveilles, lorsque saint Pierre arriva
à Rome, n'est plus aujourd'hui qu'un amas de ruines
dont on cherche le nom, tandis que Rome est couverte
de monuments chrétiens qui sont toujours debout.

Le Palatin est l'emplacement qu'occupait la Rome
primitive, *Roma quadrata*, de l'enceinte de laquelle
on a retrouvé quelques restes. Il fut de nouveau très
habité vers la fin de la République : Catilina, Cicéron,
son ennemi Clodius et tant d'autres y avaient leur
demeure. Auguste y naquit, et s'y bâtit une maison
qui fut agrandie par Tibère, et que Caligula relia au
Forum et au Capitole par un pont. Néron incendia le
tout, et construisit son immense et fastueuse Maison
dorée avec ses dépendances, sur le Palatin, le Cœlius
et l'Esquilin. Mais un nouvel incendie détruisit l'œuvre
de Néron; Vespasien rétablit alors son palais sur le
Palatin ; son fils Domitien l'acheva, et plus tard Sep-

time-Sévère l'agrandit du côté du Cœlius et construisit le *Septizonium.*

Aujourd'hui, de tous ces magnifiques palais, on ne
retrouve que les ruines de quelques-uns. On reconnaît
entre autres : les restes des constructions de Caligula
et de Tibère, surtout la *Maison de Livie,* femme d'Auguste et mère de Tibère, où naquit ce dernier, et qui
est assez bien conservée. On y voit encore des peintures murales supérieures à celles de Pompéï, représentant Io gardée par Argus, Galathée et Polyphème,
une scène dans les rues, de belles guirlandes de
fruits, etc. Le *Triclinium* a gardé son inscription et
ses murailles peintes en rouge vif avec de grands paysages. — Citons aussi : les ruines du *Palais des Fla-
viens,* où l'on retrouve, l'*atrium,* le *tablinum* (salon), le
péristyle et la *basilica* ; puis au delà du péristyle, le
triclinium et à côté le *nymphœum* avec son bassin elliptique; — les ruines du *Pœdagogium,* où l'on faisait
l'éducation des esclaves impériaux ; les murs en sont
encore couverts de *graffiti,* ou inscriptions gravées
avec le stylet.

On montre aussi sur le Palatin un endroit où existait un antre appelé *Lupercal,* où l'on dit que la Louve
se retira quand les bergers la chassèrent d'auprès de
Romulus et Rémus. — On peut voir aussi de là sur le
monte Caprino qui est tout proche, ce qui fut la fameuse *Roche Tarpéienne* : le peu qui en reste ne mérite
pas une démarche particulière. Du Palatin, la demeure
privilégiée des premiers rois, et surtout des empereurs romains, descendons maintenant au *Forum,* où
se déroula toute l'histoire de la République. « Le
Forum, comment y mettre le pied sans voir apparaître
les luttes des partis, les triomphes de la parole, toute
la vie énergique et orageuse du peuple romain ?...
Quand on traverse aujourd'hui le Campo Vaccino, on

traverse en quelques pas toute l'histoire de la liberté
romaine. On va du Comitium où fut proclamée l'abo-
lition de la tyrannie, à l'autre extrémité du Forum,
où était le temple de César qui la releva, et c'est par
le Forum plébéien qu'on a passé. » (Ampère, *Hist.
rom. à Rome*, t, II, p. 345 et 351.)

Une série de temples et de monuments publics ont
été successivement élevés sur le Forum depuis les
rois jusqu'au vᵉ siècle de notre ère, entre autres : la
Prison Mamertine, qui date de l'époque des rois, le
temple de Jupiter Capitolin, celui de Saturne (491 av.
J.-C.), celui de Castor et Pollux (484), celui de la Concorde qui rappelle la fin de la lutte entre les patriciens
et les plébéiens (366), la basilique Porcia, construite
par Caton (184). César et son neveu Auguste agran-
dirent le Forum et y élevèrent la basilique Julia ;
enfin, on y construisit jusqu'au vᵉ siècle. Puis à l'in-
vasion des Barbares, tous ces monuments furent détruits : plus tard, on combla ce qui restait des ruines,
et le Forum devint le *Campo Vaccino*. C'est au commencement du xixᵉ siècle, que l'on commença à réa-
liser une idée qu'avait eu autrefois Raphaël : déblayer
toutes ces ruines si intéressantes au point de vue de
l'art et de l'histoire. L'arc de Septime-Sévère fut mis à
jour en 1803, la colonne de Phocas en 1813, les temples
attenant au Capitole de 1816 à 1819. Depuis 1870, ce
travail de déblaiement a été continué, et c'est depuis
qu'on a retrouvé la basilique Julia, le temple de Castor,
celui de César et en dernier lieu le couvent des Vestales.

Voyons maintenant ce qui reste de tous ces monuments. La construction la plus ancienne et la plus
intéressante au point de vue chrétien, que l'on retrouve
au Forum, ou du moins tout auprès, c'est la *Prison
Mamertine*, dont on fait remonter la construction au

règne du roi Ancus Martius (640 av. J.-C.). La partie
basse s'appelle *Tullianum* du nom de Servius Tullius.
C'est dans cette prison qu'on exécutait autrefois les
prisonniers d'État : c'est là que mourut de faim
Jugurtha, roi de Numidie, que furent étranglés les
complices de Catilina, que furent tués Lentulus, Céthé-
gus, que César fit mettre à mort le gaulois Vercingé-
torix, que Séjan mourut par l'ordre de Tibère, etc.
Voici la description que fait Salluste de la partie basse
de cette prison, et qui est encore vraie aujourd'hui :
*Est in carcere locus, quod Tullianum appellatur, cir-
citer duo decim pedes henni depressus, eum miniunt
undique parietes atque insuper camera lapideis fomici-
bus vincla ; sed incultu, tenebris, odore feda atque ter-
ribilis ejus facies est.* C'est dans cette prison inférieure
que saint Pierre et saint Paul, suivant la tradition,
seraient restés huit à neuf mois, qu'ils auraient converti leurs gardiens Processus et Martinien, et auraient
fait jaillir, pour les baptiser, l'eau dont la source existe
encore. Beaucoup de martyrs y furent aussi enfermés
plus tard, de sorte que cette prison infecte est un souvenir bien précieux pour les chrétiens. « Chose remarquable, dit M. Ampère, le plus ancien monument de
l'histoire romaine est aussi le plus ancien monument
de la tradition chrétienne à Rome. » (Op. cit. t. II,
p. 32.) On y descend maintenant par un escalier, et on
y a établi un autel, où j'ai célébré la sainte Messe le
vendredi 18 novembre. Au-dessus on a bâti une église
du titre de *Saint-Pierre in carcere.*

Les autres monuments dont on retrouve aujour-
d'hui les ruines au Forum sont les suivants, qui se suc-
cèdent à peu près, en allant de l'ouest à l'est. A partir
du *Tabularium,* construit en 78 av J.-C. pour y renfer-
mer les archives de l'État, et dont on voit les substructions sous le palais du Capitole, il y a le *temple de*

la Concorde, élevé en 366 av. J.-C. et reconstruit par Tibère l'an 7 av. J.-C. ; — le *temple de Vespasien*, dont il reste trois colonnes disposées en angle droit ; — le *portique des XII dieux* (367 av. J.-C.), dont il reste une suite de colonnes cannelées d'ordre corinthien. Ces trois temples touchaient, au Capitole. Près du temple des XII dieux, se dressent encore huit colonnes de granit, d'ordre ionique, qui appartenaient au *temple de Saturne*. — Voici maintenant l'*arc de Septime-Sévère*, encore en entier, et haut de 23 mètres sur 25 de largeur. Élevé en 203 ap. J.-C., en mémoire des victoires de cet empereur sur les Parthes, ce monument est en marbre blanc, et formé de trois arceaux ayant de chaque côté quatre grandes colonnes cannelées composites : il est couvert de bas-reliefs ayant trait aux victoires de l'empereur. — A côté, on voit les ruines d'un mur circulaire, reste de la fameuse *Tribune aux harangues*, ou *Rostres*. — Devant les Rostres s'étendent, le *Comitium*, pour l'assemblée du Sénat, et le *Forum*, place où s'assemblait le peuple; on y éleva en 608 la *colonne de Phocas*, qui est encore debout. — A côté du Forum, au sud, César construisit, en 46 av. J.-C., sa *basilique Julia*, qui mesure 101 mètres de long, sur 49 de large. Deux bas-côtés y régnaient autour d'une nef centrale. Sur le pavé en marbre de ces bas-côtés, on voit encore des cercles tracés par le public, dont quelques-uns même avec des inscriptions : c'étaient des espèces de damiers pour occuper les loisirs des anciens Romains, et les aider à attendre patiemment l'ouverture du tribunal. — A l'est de cette basilique, trois magnifiques colonnes corinthiennes, en marbre de Paros, indiquent l'emplacement d'un temple qu'on croit généralement être celui de *Castor et Pollux*. Les chapiteaux et l'architrave de ces colonnes sont d'un travail admirable. —

A l'extrémité de ce qui fut le Forum, s'élevait le *temple de César*, construit par Auguste. C'est là que César avait transporté la Tribune aux harangues, là que Marc-Antoine, le 20 mars 44, harangua la foule au moment des funérailles du dictateur assassiné, et que le corps de ce dernier fut brûlé. On n'a retrouvé que les fondations de ce temple. — On trouve encore dans le Forum ou aux alentours, le *temple d'Antonin et Faustine*, dont le portique, soutenu par dix colonnes, dont six de front, sert de portique à l'*église San-Lorenzo in miranda*; — et à côté de la basilique Julia, vers le sud, le temple ou *couvent des Vestales*, récemment mis au jour. Enfin, en plusieurs endroits du Forum, on retrouve le pavé en basalte ou lave, qui couvrait la fameuse *Voie sacrée* que suivaient les triomphateurs montant au Capitole.

Si nous quittons le Forum proprement dit, pour avancer vers le Colisée, nous trouvons encore successivement : le *temple de Romulus et Rémus*, au portique de l'*église SS. Cosme et Damien ;* — la *basilique de Constantin*, dont les trois voûtes colossales de l'abside subsistent encore, avec leurs peintures à fresques, et dont la nef centrale était aussi large que celle de Saint-Pierre; l'*arc de Titus*, élevé en mémoire de la défaite des Juifs et de la prise de Jérusalem, en 70. Il est encore debout, et n'a qu'une seule arcade, décorée de beaux bas-reliefs relatifs à la prise de Jérusalem, où l'on distingue la Table du pain de proposition, le Candélabre à sept branches, etc.; — enfin, on retrouve quelques restes des *temples de Vénus et Rome*, datant de l'an 135 ap. J.-C.

Après cette visite aussi complète que possible de toutes ces ruines profanes, nous suivons à peu près la voie des triomphateurs pour monter au Capitole, et nous allons visiter la belle église de *Santa-Maria in Ara cœli,* élevée précisément sur l'ancien temple de Jupiter Capitolin. Cette église est très ancienne, et c'est saint Grégoire le Grand qui la dédia à la sainte Vierge. Elle comprend trois nefs divisées par vingt-deux colonnes antiques de granit égyptien, d'une architecture et d'un diamètre différents : la troisième à gauche a fait partie des appartements intimes des césars, comme le montre l'inscription qu'elle porte : *A cubiculo Augustorum.* — La première chapelle, à droite, est ornée de magnifiques fresques du Pinturicchio relatives à saint Bernardin de Sienne. Au maître-autel, on vénère une image de la Vierge attribuée à saint Luc, et que saint Grégoire le Grand portait en procession au moment de l'apparition de l'Ange sur le mausolée d'Adrien. C'est sur ce maître-autel que se trouvait autrefois la fameuse Vierge de Foligno de Raphaël, — Dans le transept gauche, se trouve la curieuse chapelle circulaire de sainte Hélène, dont le corps repose sous l'autel dans une urne de porphyre. — Enfin, à la sacristie, on conserve la célèbre statue du *Santissimo Bambino,* couvert de diamants et de pierres précieuses, et qui est à Rome l'objet d'une vénération extraordinaire.

Un escalier de cent vingt-quatre marches nous fait descendre de cette église sur la place du même nom, où commence aussi le grand escalier qui monte à la place du Capitole. Puis la *via d'Ara cœli* nous conduit directement à la *place* voisine du *Gesù,* et à l'*église* de ce nom.

L'intérieur de cette église bâtie au XVIᵉ siècle, est orné de pilastres composites, de stucs dorés, de sculptures et de peintures qui en font une des plus belles de Rome. La fresque de la grande nef, de Baciccio, représente le triomphe du Cœur de Jésus. Dans la quatrième chapelle à droite, se trouve l'autel de Saint-François-Xavier, au-dessus duquel un riche médaillon

couvre le bras droit et la main de l'apôtre du Japon,
desséchés, mais intacts. Au maître-autel. orné de
quatre belles colonnes en jaune antique, est un beau
tableau de la Circoncision par Capalti. En face de l'autel de Saint-François-Xavier, se trouve celui de Saint-
Ignace, très richement décoré de beaux marbres. Sous
l'autel repose le corps du saint, et au-dessus, un beau
tableau du P. Pozzi recouvre une riche statue, en argent et cuivre argenté, du même saint.

Près de cette église, on montre les *chambres* habitées
par *saint Ignace*. Une d'elles, celle où il est mort en
1556, a été convertie en chapelle : Saint François de
Sales y a célébré le saint sacrifice, et saint Charles
Borromée y a dit sa première messe. A côté. se trouve
la chambre où le fondateur des Jésuites a écrit ses
Constitutions, avec la *loggia* où il regardait le ciel en
disant : *Quam sordet tellus quam cœlum aspicis !* N'est-
ce pas la même impression que nous devons ressentir,
après cette journée presque exclusivement consacrée
à la visite des ruines de la Rome païenne, qui nous ont
prouvé une fois de plus le peu de durée de la gloire hu-
maine : *Præterit figura hujus mundi.*

Vendredi 18 novembre.

C'est au triste et obscur sanctuaire de la *Prison Mamertine* que j'ai aujourd'hui le bonheur de me rendre,
pour y célébrer la sainte Messe. L'émotion que l'on
ressent, en descendant dans ce cachot humide et si célèbre, est un peu diminuée par la première visite que
j'y ai faite hier ; mais cependant, je dois reconnaître
qu'après une grande heure passée dans ce séjour sans
lumière et presque sans air, on aspire à remonter et à
revoir le jour. En entrant et en sortant, on ne peut
s'empêcher de jeter encore un coup d'œil sur ces ruines grandioses du Forum, qui vous rappellent qu'au-

trefois là étaient la vie, les fêtes, les plaisirs, tandis
que les pauvres prisonniers païens ou chrétiens gémis-
saient ou priaient à côté dans la triste prison, d'où ils
ne devaient sortir que morts, ou vivants pour aller au
martyre.

Nous sommes au 18 novembre, anniversaire de la
Dédicace de la basilique de Saint-Pierre. A cette occasion, nous nous rendons à dix heures à cette basilique,
pour y entendre la messe en musique que l'on doit y
exécuter dans la chapelle Sixtine. Le saint sacrifice
est célébré par le cardinal Howard, et nous avons la
bonne fortune d'entendre la fameuse maîtrise de Saint-
Pierre, dont les deux chœurs chantent une magnifique
messe de Palestrina. L'exécution est en rapport avec
la composition, et nous admirons surtout le *Gloria*,
pendant lequel les solistes de chaque parties, se font
entendre tour à tour, seuls ou dans de très beaux duos
dialogués.

Après la messe, nous profitons de ce que nous
sommes à Saint-Pierre pour visiter les musées du Vatican.

Le *Vatican* est le plus vaste palais du monde. Commencé par Nicolas V en 1450, il fut embelli et agrandi
par presque tous les Papes jusqu'à Pie IX et même
Léon XIII. Beaucoup d'architectes se sont succédé
dans cette construction, entre autres Bramante, Raphaël, Don Fontana, Maderne, le Bernin. On prétend
qu'il contient environ douze milles chambres. — Le
Vatican est aujourd'hui la résidence des Papes. Pie IX
y est mort le 7 février 1878, et le dernier conclave s'y
est réuni pour la nomination de son glorieux succes-
seur Léon XIII. Le Pape et sa Maison n'occupent qu'une
partie minime de cet immense palais ; et tout le reste
est consacré à des galeries de curiosités et chefs-
d'œuvre qui en font le plus vaste *Musée* de l'univers.

Voici quelles en sont les salles principales avec les œuvres artistiques les plus remarquables de chacune d'elles.

On y remarque d'abord la *Chapelle Sixtine,* ainsi nommée parce qu'elle fut construite sous le pontificat de Sixte IV. Les parois latérales en sont ornées de peinture représentant des scènes de l'Ancien Testament, à droite, et du Nouveau à gauche. A la voûte, on admire les magnifiques fresques de Michel-Ange, dont les scènes principales sont : la Création, le Déluge, l'Ivresse de Noé, et son sacrifice. — Au-dessus de l'autel, toute la paroi est ornée du fameux *Jugement dernier*, malheureusement noirci par le temps et la fumée. C'est une immense composition qui excite d'autant plus d'admiration qu'on l'examine et qu'on l'étudie davantage, mais qui est plus remarquable au point de vue de l'art qu'au point de vue du sentiment chrétien qu'elle devrait inspirer.

Ensuite viennent les *Stanzé* ou *Chambres de Raphaël*. Avant d'y arriver, on traverse une première salle ornée par Pie IX, la *salle de l'Immaculée-Conception*. Les quatre grandes fresques qui la décorent représentent, la première, la Définition du Dogme ; la deuxième la Discussion du Dogme ; la troisième le Couronnement de la Madone du chapitre de Saint-Pierre par Pie IX; et la quatrième l'Église enseignant tous les peuples de la terre.

Les quatre salles suivantes sont les *Stanze de Raphaël*. Elles ont été décorées par cet artiste, par les ordres de Jules II, alors qu'il n'avait encore que vingt-quatre ans. La première s'appelle la *chambre de l'Incendie du Bourg*, et voici les sujets qui en ornent les murs : 1° L'incendie du Borgo nuovo, au IX° siècle, miraculeusement éteint par le Pape Léon IV ; — 2° Léon III prêtant serment devant Charlemagne, pour

repousser les calomnies portées contre lui ; — 3° Charlemagne couronné empereur ; 4° Défaite des Sarrazins
dans le port d'Ostie.

La seconde est la *chambre de la signature* ou de
l'*Ecole d'Athènes*, contenant trois belles fresques :
1° La Dispute du Saint-Sacrement ; 2° le Parnasse ;
3° l'École d'Athènes.

Vient ensuite la *chambre d'Héliodores*, ornée des sujets suivants : 1° Hélio dore chassé du temple par trois
messagers célestes ; 2° le Miracle de Bolsène : le sang
divin se répandant sur le corporal à la messe d'un
prêtre qui ne croyait pas à la Transsubstantiation ;
3° saint Pierre délivré de sa prison ; 4° saint Léon ar-
rêtant Attila.

Enfin, la *chambre de Constantin*, où l'on voit les
quatre fresques suivantes : la Défaite de Maxence au
pont Milvius ; l'apparition du Labarum ; le Baptême
de Constantin par saint Sylvestre ; et Constantin aban-
donnant au Pape la souveraineté de Rome.

Près des *Stanze* sont les *Loges de Raphaël*. On appelle ainsi un portique divisé en treize arcades soutenues par des pilastres décorés de stucs et d'arabesques.
— La voûte en est magnifiquement décorée par qua-
rante-huit scènes de l'Ancien Testament, et quatre du
Nouveau ; ces fresques sont malheureusement fort détériorées, mais quelques-unes ont été restaurées.

Après la visite de ces nombreuses peintures à fresques qui font du Vatican, sous ce rapport, un musée
unique, nous visitons la *Galerie des Tableaux*. Cette galerie ne comprend que quatre salles, et un nombre de
toiles relativement restreint, mais elle se compose
presque exclusivement de chefs-d'œuvre. Je ne citerai
que les principaux. — Dans la première salle, I Mis-
teri, de Raphaël, I tre Santi (saint Benoît, sainte Pla-
cide et sainte Flavie) du Pérugin. — Dans la deuxième

trois tableaux seulement, mais trois splendides chefs-
d'œuvre connus de tout le monde : la *Transfiguration*,
de Raphaël ; la *Vierge au Donataire*, ou de *Madone Foligno*, du même ; et la *Dernière communion de saint Jérôme*, du Dominiquin. — Dans la troisième salle : la
sainte Vierge et quelques saints, du Titien, tableau
admirable de coloris et de finesse de détails ; la Résurrection du Pérugin ; le Couronnement de la madone, de
Raphaël ; un autre Couronnement, de Jules Romain et
du Fattore ; la Mise au Tombeau, de Michel-Ange du
Caravage. — Enfin, dans la quatrième salle : Extase
de sainte Micheline, chef-d'œuvre du Baroche ; une
Annonciation, du même ; et le Martyre de saint Pierre,
chef-d'œuvre du Guide.

Les *musées de sculpture* du Vatican sont au moins
aussi célèbres que son musée de peinture, et renferment d'ailleurs une immense collection des chefs-
d'œuvre de la sculpture antique, distribués dans de
nombreuses salles dont je nomme seulement les principales : La *chambre de la Bigue*, où l'on remarque le
char de marbre attelé, d'où la salle prend son nom ;
ainsi que le Discobole mesurant la distance du but,
trouvé sur la Voie appienne, et le Discobole lançant
le disque, copié sur celui de Myron, trouvé à la Villa
Hadriana, près de Tivoli. — La *chambre à croix grecque*, où l'on voit la Vénus de Praxitèle, avec sa draperie en bronze, et deux énormes sarcophages en porphyre rouge, l'un ayant contenu les restes de sainte
Constance, fille de Constantin, et trouvé près de l'église
de Sainte-Agnès-hors-des-Murs, et l'autre ayant renfermé le corps de sainte Hélène, et trouvé à Tor Pi-
gnattarra. — La *salle Ronde*, avec un magnifique bassin
de porphyre de 41 pieds de circonférence, et des statues d'empereurs et d'impératrices. — La *chambre des
Muses*, ornée de belles statues des neuf Muses. — Le

cabinet des Masques, où l'on remarque la Vénus ac-
croupie, une statue de Diane au flambeau, et un fauteuil de bain en rouge antique, qu'on appelle la chaise
stercoraire. — La *salle des Bustes ;* dans la niche du
fond, il y a une statue colossale de Jupiter portant le
sceptre et la foudre. — La *galerie des statues*, où l'on
trouve l'Amour, de Praxitèle, appelé le Génie du Vatican ; Apollon Sauroctore, épiant un lézard ; une Ama-
zone très belle, bien qu'inférieure, dit-on, à celle du
Capitole ; Arianne, abandonnée et dormant. — Le *Belvédère*, composé d'un vestibule et de trois cabinets.
Dans le vestibule, est le fameux *Torse du Belvédère.*
Dans le premier cabinet, Persée et les deux Lutteurs ;
dans le deuxième, l'*Antinoüs du Belvédère,* trouvé sur
l'Esquilin ; dans le troisième, le magnifique *Apollon du
Belvédère*, — enfin on trouve la *chambre de Méléagre,*
avec la statue de ce héros à laquelle manque la main
gauche.

Il faut jeter aussi un coup d'œil sur la *Bibliothèque*
si connue du Vatican, qui est elle-même presque un
musée. Elle fut fondée par Nicolas V, et depuis lors
toujours augmentée. Une antichambre la précède dans
laquelle se trouvent des rouleaux de papyrus encadrés.
La *grande salle* de la Bibliothèque est soutenue par
six piliers construits par Fontana ; elle mesure 70 mètres de long, et est ornée de belles fresques du
XVIIᵉ siècle. Entre les piliers, on admire les magnifiques
cadeaux offerts à différents Papes, surtout à Grégoire XVI et à Pie IX, par les souverains. Au fond du
long corridor de plus de 200 mètres auquel aboutit
cette grande salle, se trouve le *Musée des Antiquités
chrétiennes*, où l'on admire de vieilles peintures, des
croix, des lampes, de beaux dyptiques en ivoire, et
surtout de ravissants petits tableaux des XIIIᵉ, XIVᵉ et
XVᵉ siècles.

Lorsqu'on sort de ce musée, et qu'on vient d'admirer pendant plusieurs heures toutes les merveilles artistiques qu'il renferme, on éprouve le besoin de se reposer un peu par la contemplation des beautés naturelles qui fatiguent moins l'attention et les yeux. Aussi, en sortant du Vatican, je fus heureux de répondre à une invitation que me fit gracieusement une dame de Cherbourg de faire une promenade au *Pincio*. J'ai déjà dit un mot de cette promenade publique, qui tire sans doute son nom de la famille des Pincii, fameuse à la fin de l'empire. C'est sur ce mont qu'on admirait jadis les jardins de Lucullus. La promenade actuelle a été créée sous Napoléon Ier, et elle est ornée de bosquets, entourée d'allées, avec une grande quantité de statuts et de bustes d'Italiens célèbres. On y monte et on descend par une route en lacets, dont les bords sont plantés de palmiers et de gigantesques aloès. Vers le bas, on rencontre deux colonnes ornées de rostres, qui proviennent du temple des Vénus et Rome, et aussi des statues de Daces prisonnier. Au bas se trouve la *place du Peuple*. C'est une des belles places de Rome : elle est de forme ovale, et au centre se dresse un obélisque de 24 mètres de hauteur, ramené d'Héliopolis sous Auguste, trouvé plus tard au cirque Maxime, et élevé en cet endroit en 1589 par Sixte V.

C'est ici que commence, sinon la plus belle, du moins la plus connue et la plus fréquentée des rues de Rome, la *rue du Corso*. C'est l'ancienne *Voie Flaminienne*, qui partait autrefois du Capitole. Elle a une longueur de 400 mètres, et présente, l'après-midi et le soir, une assez grande animation. Vers le milieu du Corso, se trouve la *Piazza Colonna*, bornée à droite par le palais Chigi, à gauche, par le palais Terrajuoli : et en face par l'hôtel de la Poste, dont la façade est

Saint-Pierre et le Vatican.

ornée de colonnes ioniques provenant de Véies. Au
centre se dresse la belle *Colonne de Marc-Aurèle*, ornée,
comme celle de Trajan, de bas-reliefs représentant les
guerres de Marc Aurèle contre les Marcomans et autres
peuplades germaniques. Elle a 29 mètres de hauteur;
Sixte-Quint la fit restaurer en 1598, et placer au sommet la statue de saint Paul.

Le Corso était, pendant notre séjour à Rome, notre
lieu ordinaire de promenade le soir. La grande animation qu'il présente alors n'est pas de longue durée; car
il faut remarquer qu'à Rome, comme dans toute l'Italie, d'ailleurs, les magasins se ferment de bonne heure
relativement aux habitudes de Paris et de la France.
Il nous est arrivé de trouver les magasins fermés dès
sept heures et demie; et à neuf heures, c'est à peine si
quelques uns sont encore ouverts. L'Italien est un peu
comme le roi d'Yvetot, qui. comme chacun sait, se
levait tard et se couchait tôt.

Samedi 19 Novembre.

Je célébrai ce jour-là la sainte Messe dans le *Lupanar*
ou souterrain de l'église de *Sainte-Agnès* sur la place
Navone. Je me trouvais là à peu près à moitié chemin
de mon hôtel à Saint-Pierre; aussi, après mon action
de grâces, je me dirigeai vers cette basilique pour y
faire encore une visite et une prière à la Confession de
Saint-Pierre. Précisément en même temps que moi ar-
rivaient là un excellent confrère de Coutances et le bon
docteur Moncoq, qui m'invitèrent à les accompagner
dans *l'ascension de la Coupole*. Le temps était aussi
beau que possible après les dernières et récentes pluies,
et c'est alors que je pus jouir de l'admirable panorama
dont j'ai parlé plus haut, à l'occasion de ma première
visite à Saint-Pierre.

Il nous restait plusieurs églises et sanctuaires inté-

ressants de Rome à visiter : cette journée du samedi
devait leur être consacrée.

Nos voitures nous conduisent d'abord sur l'Esquilin.
vers l'église de *Sainte-Marie-Majeure*. Mais avant d'entrer dans cette basilique, nous nous arrêtons à deux
autres petites églises remarquables. D'abord, l'église
Sainte-Pudentienne, dans la *via Urbana*, tout près de
la *place de l'Esquilin*. Cette église est bâtie sur l'emplacement de la maison du sénateur Pudens, qui reçut
l'apôtre Saint-Pierre, en l'an 42, quand celui-ci arriva
à Rome. On peut donc dire que c'est là le premier
sanctuaire de la ville éternelle, puisque, sans aucun
doute, c'est en cet endroit que le prince des apôtres
offrit pour la première fois le saint Sacrifice, dans cette
ville que Dieu avait choisie pour être le siège de son
Église. C'est de là par conséquent, que partirent les
premiers apôtres de la religion chrétienne dans les
Gaules et dans tout l'Occident, là que saint-Pierre
ordonna ses successeurs Lin et Clet, là sans aucun
doute que l'apôtre des nations le rejoignit quand il arriva lui-même à Rome. C'est donc, à beaucoup de point
de vue, une des églises les plus intéressantes de la capitale du monde chrétien. C'est au iie siècle que la maison de Pudens fut remplacée par une église que le Pape
Pie Ier consacra sous le titre du Bon-Pasteur : elle reçut
depuis le nom de Sainte-Pudentienne, fille ou petite
fille de Pudens, et elle fut restaurée en 1598.

On remarque surtout dans cette église la mosaïque
de l'abside, une des plus belles de Rome, et une des plus
anciennes, puisque, d'après M. Vitet, elle daterait du
ive siècle ; elle représente le Christ, avec saint Pierre,
saint Paul, sainte Pudentienne, sainte Praxède et le
sénateur Pudens. On conserve à l'autel, dédié à saint
Pierre, la table de bois sur laquelle le prince des apôtres célébra autrefois le saint Sacrifice. — Dans la nef

latérale gauche, on voit encore le puits où sainte Pudentienne et sa sœur sainte Praxède recueillaient les ossements des nombreux martyrs. Près de ce puits se trouve la riche chapelle Gaëtani, avec les splendides hauts-reliefs d'Olivieri représentant l'Adoration des Mages.

Derrière la basilique, se trouve la petite église dédiée à *sainte Praxède*, seconde fille ou petite fille du sénateur Pudens, élevée également par Pie Ier vers l'an 150, et rebâtie au xve siècle. Elle est moins intéressante peut-être comme souvenir, mais elle l'est davantage au point de vue de l'ornementation. C'est ici que l'on conserve la *colonne* à laquelle Notre-Seigneur fut attaché pendant qu'on le flagellait. C'est une colonne en marbre oriental noir et blanc; rapportée de Palestine au xiiie siècle. On la conserve dans une chapelle latérale, qui porte le nom de Chapelle de la Colonne, et qui est ornée d'une magnifique mosaïque du ixe siècle.— Les trois nefs de l'église sont séparées par seize belles colonnes de granit, et quatre autres colonnes de phor-phyre soutiennent le baldaquin du beau maître-autel. On admire aussi la mosaïque de l'abside, datant du ixe siècle et celle de l'arc triomphal. Dans la nef latérale gauche, se trouve la chapelle de Saint-Charles-Borro-mée, où l'on conserve son fauteuil, et la table sur laquelle le saint évêque de Milan donnait chaque jour à manger aux pauvres. En face de cette chapelle, dans la grande nef, on retrouve aussi, comme à Sainte-Pudentienne. un puits dans lequel sainte Praxède, comme sa sœur, conservait les restes des martyrs, et leur sang qu'elle recueillait avec des éponges. Enfin, dans la sacristie, on admire un magnifique tableau sur bois. la Flagellation, de Jules Romain, et l'on y vénère de précieuses reliques, entre autres, trois épines de la sainte Couronne.

Après cette double visite à des églises relativement peu importantes, malgré leur intérêt, nous entrons dans la magnifique *basilique de Sainte-Marie-Majeure*. On l'appelle ainsi parce qu'elle est la plus grande des quatre-vingts églises de Rome dédiées à la Mère de Dieu ; on l'appelle encore *Sancta-Maria-ad-Præsepe*, parce qu'on y vénère la chrèche de Béthléem ; ou encore *Sainte-Marie-des-Neiges*, à cause du miracle de la neige tombée sur l'Esquilin le 5 août pour en marquer l'emplacement. La *façade*, construite au xvIIIᵉ siècle dans un style de décadence, est composée d'un portique surmonté d'une loge d'où les Papes autrefois donnaient la bénédiction *Urbi et Orbi*, le jour de l'Assomption. Au fond de ce portique, à droite, se dresse une statue en bronze de Philippe IV, roi d'Espagne ; et sous la façade on admire une belle mosaïque du xIIIᵉ siècle, à deux compartiments superposés. L'*intérieur* de la basilique est vraiment grandiose et monumental. Il se compose de trois nefs avec quarante-quatre belles colonnes ioniques en marbre blanc, qu'on croit tirées du temple de Junon Lucine. L'édifice a 85 mètres de long, un beau pavé du xIIᵉ siècle, et un magnifique plafond à caissons sculptés et dorés avec le premier or venu d'Amérique ; cette dorure a été refaite en 1825. — Sur les parois de la grande nef, au-dessus de la corniche, règne une mosaïque du vᵉ siècle, se rapportant à la maternité divine de Marie; et l'entre-deux des fenêtres est décoré de fresques représentant des scènes du Nouveau-Testament. — La mosaïque de l'arc triomphal, qui a rapport à la vie de Notre-Seigneur est également du vᵉ siècle. Il y a un beau baptistère dans la nef latérale droite.

Mais nous devons surtout diriger nos pas et notre attention vers la *chapelle Sixtine* ou *chapelle de la Crèche* dans le transept. Cette chapelle en forme de

croix grecque avec coupoles, a été restaurée par Pie IX.
C'est sur l'autel de cette chapelle qu'il nous est donné
de voir et de vénérer les quelques planches qui re-
çurent les membres délicats de l'Enfant-Dieu à son
arrivée sur la terre. Les cinq planches qui composaient la crèche à Béthléem sont maintenant réunies,
et noircies par le temps; les plus longues sont de
75 centimètres environ. Elles ont été rapportées de
Judée en 642, et sont depuis cette époque dans l'église
de Sainte-Marie-Majeure. On ne les expose à la vénération des fidèles que le 24 décembre : en dehors de ce
jour on ne les montre qu'aux évêques, mais la présence
au milieu de nous de Mgr Germain nous a valu la faveur de les voir et de les vénérer. Le reliquaire qui .
les renferme représente Notre-Seigneur couché dans
un berceau de vermeil, orné de ciselures et de bas-
reliefs. Dans cette même chapelle se trouve le tombeau de Sixte-Quint.

Le *maître-autel* de cette basilique mérite aussi une
mention, avec son baldaquin en bronze doré, supporté
par quatre belles colonnes de porphyre, autour des-
quelles s'enroulent des palmes de bronze. Sous cet
autel se trouve la Confession de Saint-Mathias. Citons
encore la magnifique mosaïque de l'abside, qui date
du xive siècle, et qui représente, entre autres sujets,
le couronnement de la sainte Vierge. — Enfin, ne quittons pas cette importante église, sans visiter en face
de la chapelle de la Crèche, la *chapelle Borghèse*, dédiée à la sainte Vierge, et dont l'autel consiste en
une urne de lapis-lazzuli. Quatre superbes colonnes
en jaspe oriental, à cannelures dorées, soutiennent un
entablement dont la frise est d'agate. On y voit encore un cadre soutenu par sept anges dorés et renfermant une belle image de la Vierge, en bois de cèdre,
attribuée à saint Luc. La coupole de cette chapelle

est décorée d'une fresque représentant le triomphe de
Marie, et on y admire aussi d'autres belles fresques
de Guido Remi.

La basilique de Sainte-Marie-Majeure est située
entre deux places. Du côté de la ville, c'est-à-dire
derrière l'abside, c'est la *place de l'Esquilin*, ornée
d'un obélisque élevé par Sixte-Quint, et d'un grand
perron qui monte à l'église. De l'autre côté, c'est-à-
dire du côté de la façade, c'est la *place Sainte-Marie-
Majeure,* sur laquelle s'élève une belle colonne corin-
thienne cannelée, la seule intacte qu'on ait retrouvée
dans la basilique de Constantin, au Forum, et qui fut
érigée ici par Paul V en 1631, et surmontée d'une
statue en bronze de la Sainte Vierge. Du mont Esquilin, nous descendons dans le quartier appelé *La Su-
bura,* et nous arrivons à l'église *San-Pietro in vincoli,*
la *basilique eudoxienne* des anciens écrivains ecclésiastiques. Elle fut construite au ive siècle, pour y
déposer les *chaînes de saint Pierre* que l'impératrice
Eudoxie, femme de Théodose, avait envoyées d'Orient
à Rome, à sa fille appelée aussi Eudoxie, femme de
Valentinien. Restaurée au xvie siècle, elle fut embellie
par Pie IX en 1877. Un portique à cinq arcades en
précède l'entrée. L'intérieur est à trois nefs, avec
vingt-deux colonnes antiques, d'ordre dorique, dont
deux en granit et les autres cannelées. C'est sous
l'autel de cette église que l'on conserve et que l'on
vénère, dans une custode merveilleusement travaillée
les chaînes portées dans sa prison par le prince des
apôtres.

C'est aussi dans cette église que se trouve le tombeau du Pape Jules II, avec la *statue* si célèbre de
Moïse par Michel-Ange. Au milieu du monument, on
voit le législateur des Hébreux, assis, le visage fa-
rouche, mais dans une attitude vivante et parlante.

On voit sur le genou droit un éclat dans le marbre provenant, dit-on, de l'auteur qui, dans l'admiration de son chef-d'œuvre, l'aurait frappé de son ciseau, en lui disant : « Mais parle donc ! » A droite de Moïse est la statue de Rachel, avec les mains jointes, figurant la vie contemplative; à gauche, celle de Lia, un miroir d'une main, une guirlande de l'autre, symbole de la vie active ; enfin, au-dessus, le pape Jules III, appuyé sur une urne funéraire.

Descendant ensuite vers le Colisée, que nous laissons sur notre droite, nous prenons la rue de Saint-Jean-de-Latran, pour aller visiter la basilique de ce nom. Mais nous rencontrons sur notre route l'*église de Saint-Clément* qui mérite bien aussi notre visite. L'église souterraine, sur laquelle est bâtie l'église actuelle, et qui fut découverte en 1857, fut élevée par le Pape Saint-Clément dans la maison de son père. On y a retrouvé des peintures à fresques d'une grande valeur au point de vue de l'art antique, et aussi des substructions qui paraissent dater de l'époque des rois, mais je ne les ai pas visitées. L'église supérieure remonte probablement au XIIᵉ siècle. Elle est précédée d'une cour entourée de portiques soutenus par des colonnes de granit d'ordre ionique: cette cour était réservée jadis aux pénitents publics. L'intérieur est à trois nefs avec des colonnes antiques. A gauche, en entrant, se trouve la chapelle de Sainte-Catherine, ornée de magnifiques fresques de Masaccis, représentant, entre autres sujets, le Crucifiment et des scènes de la vie de sainte Catherine. La voûte de la nef centrale a été peinte par Chiari. Le chœur provient de la basilique inférieure : on y voit deux remarquables ambons de marbre, et une colonne en spirale qui sert de chandelier pascal. — Le sanctuaire ou *Presbyterium*, est derrière, dans le fond, et séparé du chœur par des

marches et une clôture (*cancelli*). Au milieu se trouve
l'autel avec un *ciborium* : sous cet autel, on conserve
les reliques de saint Clément, et de saint Ignace,
martyr. Au fond de l'abside, on voit un siège épiscopal orné de trois degrés. Cette abside est ornée, à la
voûte d'une mosaïque de la fin du xiie siècle représentant le Crucifiement : c'est une des plus belles de Rome.
L'arc triomphal est également décoré d'une mosaïque
de la même époque : le Christ bénissant. On a récemment ouvert et orné dans cette église une chapelle
dédiée aux SS. Cyrille et Méthode, apôtres des
Slaves.

Quelques minutes nous suffisent maintenant pour
arriver à la première basilique du monde après Saint-
Pierre, celle de *Saint-Jean-de-Latran* ou de *S.-Jean-
in-Laterano, omnium urbis et orbis ecclesiarum mater
et caput*, église cathédrale et siège épiscopal des Papes,
en tant qu'évêques de Rome. Elle fut bâtie par Constantin sur l'emplacement de l'ancienne demeure du
consul Plautius Lateranus (d'où son nom), mis à mort
pour avoir conspiré contre Néron. Le palais du consul, confisqué, devint la propriété des empereurs, et,
par suite de Constantin qui reçut en cet endroit le
baptême de saint Sylvestre, et qui y construisit ensuite la basilique. Saint Sylvestre lui avait donné le
titre d'église épiscopale des Pontifes romains, qu'elle a
conservé, bien qu'au xiie siècle elle ait été dédiée à
saint Jean-Baptiste.

La *façade* est percée de cinq arcades ; au jour de
l'Ascension, le Pape donnait autrefois la bénédiction
pontificale dans celle du milieu. Cette façade est surmontée d'un fronton triangulaire, orné d'une mosaïque antique représentant Notre-Seigneur ; et au
sommet règne une balustrade portant les statues colossales de Notre-Seigneur et de plusieurs saints. Sous

le *portique*, on voit une statue en marbre de Constantin, provenant des thermes de ce prince au Quirinal ; et cinq portes y donnent entrée à l'église : celle du milieu en bronze vient de la basilique émilienne au Forum.

L'*intérieur* est grandiose, mais l'architecture manque d'unité, et on y trouve beaucoup de détails bizarres. Le plan est une croix latine a cinq nefs. Les douze larges pilastres de la nef du milieu sont creusées de niches avec les statues colossales des douze apôtres : remarquer surtout celle de Saint-Jacques-le-Mineur à gauche. Le maître-autel (autel papal) est surmonté d'un baldaquin gothique que supportent quatre colonnes de granit : on y conserve une table de pierre qui servait d'autel à saint Pierre et qu'on a retrouvée dans les catacombes. Dans la partie supérieure du baldaquin, se trouve un tabernacle qui renferme beaucoup de reliques, entre autres, les têtes de saint Pierre et de saint Paul.

L'*abside* a été richement décorée par Pie IX, et on y admire une mosaïque des xiii° et xiv° siècles, œuvre monumentale et d'une rare magnificence. Derrière cette abside on conserve la table de la Cène.

Au fond de la *nef latérale gauche*, se trouve la *chapelle des Chanoines*, dont font partie les souverains de France, qui y ont une stalle. Cette prérogative date de 1595 après la conversion d'Henri IV, dont on voit la statue en bronze sur le portail latéral gauche.

Dans la *nef latérale droite*, le premier pilier est orné d'une belle fresque de Giotto : Boniface VIII annonçant le Jubilé de l'an 1300. La deuxième chapelle de ce côt est celle de la famille Torlonia ; elle est décorée d'une profusion de marbre et de dorures, avec une belle Descente de croix en bas-reliefs de Ténérani ; dans la troisième, celle des princes Massini, on voit un Crucifiement de Sermoneta. — Dans la *nef latérale gauche*, la première chapelle, appartenant à la famille Corsini, et dédiée à saint André Corsini, est la plus belle de toute l'église. On y remarque surtout : la mosaïque de l'autel (saint André en prières d'après le Guide), de belles statues et des bas-reliefs relatifs à la vie du même saint. — Sous cette chapelle se trouve le caveau de la famille avec une belle *Pieta* du Bernin ou de Montauti.

A côté de la basilique on admire le beau *cloître* du XII° et XIII° siècle. consistant en un portique couvert et soutenu par des colonnes richement ornées et incrustées de mosaïques. On conserve dans ce cloître plusieurs reliques dont l'authenticité n'a pas été prononcée par la Sacrée Congrégation, telles que la plaque de porphyre sur laquelle on joua la robe du Christ, la margelle du puits de la Samaritaine, la colonne fendue du temple de Jérusalem, etc.

. Sur la *place* même de *Saint-Jean-de-Latran*, s'élève un autre sanctuaire, moins grandiose, mais non moins fréquenté par la piété des fidèles et des pèlerins : la *Scala Santa*. On l'appelle ainsi parce qu'on y conserve l'escalier en marbre blanc veiné du prétoire, que Notre-Seigneur monta ou descendit quatre fois pendant sa Passion. Il se compose de vingt-huit marches qu'on a revêtues en 1723, de forts madriers de bois, tout en en laissant une partie découverte. Plusieurs endroits sont garantis par un disque de cristal, qui permet de voir le marbre taché de rouge : c'est la marque de quelques gouttes du sang du Sauveur. Chacun sait que les pèlerins se font un pieux devoir de monter cet escalier à genoux. On trouve en haut une petite chapelle : le *Sancta Sanctorum*, où l'on conserve la célèbre image en grandeur naturelle de Notre-Seigneur, commencée par saint Luc, et achevée, dit-on,

par les anges , d'où son non d'*Acheiropoieta* : nous
ne l'avons pas vue, il faut pour cela une permission
spéciale. En bas de la *Scala Santa*, le pape Pie IX a
fait placer deux beaux groupes en marbre de Giaco-
metti : un *Ecce homo*, et Jésus trahi par Judas.

Un chemin longeant l'enceinte fortifiée et l'aqueduc
de Claude, et traversant des terrains vagues où l'on
commence à bâtir, nous conduit bientôt à l'église
Sainte-Croix-en-Jérusalem, construite par Constantin
en l'honneur de la vraie Croix, sur un terrain où
sainte Hélène avait apporté un vaisseau de terre de
Jérusalem (d'où le nom donné à l'église). Je remarque
seulement à l'intérieur l'immense fresque du Pinturicchio relative à la Croix, qui décore la voûte de l'abside, et le baldaquin du maître-autel supporté par
quatre belles colonnes en marbre précieux. — Dans
le transept droit se trouve une porte qui conduit au
Trésor des reliques insignes de la Passion qui rendent ce
sanctuaire célèbre, et où l'on vénère : trois grands
morceaux de la vraie Croix, un des clous qui ont
attaché Notre-Seigneur, deux épines de la sainte Couronne, le titre de la croix du Sauveur, enfin le doigt
de saint Thomas qui sonda les plaies sacrées de Notre-
Seigneur.

Sortant ensuite de la ville par la *Porte-Majeure* nous
nous rendons à la *basilique de Saint-Laurent-hors-les-
murs*. C'est là, sur la *route de Tibur*, où saint Cyriaque
possédait une villa, que fut inhumé le corps de saint
Laurent. Constantin y bâtit en 330 une basilique qui
fut depuis restaurée bien souvent, et en dernier lieu
par Pie IX. Sur la *place*, se dresse une colonne en granit égyptien, provenant de la basilique incendiée de
Saint-Paul-hors-les-murs, et surmontée d'une statue
en bronze de saint Laurent. La façade de l'église est
ornée de fresques sur fond d'or.

L'intérieur est à trois nefs que séparent vingt-deux
colonnes ioniques de granit égyptien provenant de différents monuments. On en remarque deux qui portent
un lézard et une grenouille entre les volutes de leurs
chapiteaux. Ces deux animaux, σαυρος et βατραχοσ en
grec, seraient, dit-on, la signature de deux architectes grecs qui portaient ces noms, et auxquels il
était interdit de signer leurs œuvres. — Sous l'abside
se trouve une *crypte* déblayée depuis une quinzaine
d'années, et dans laquelle le Pape Pie IX a voulu être
inhumé, dans un tombeau fort modeste, d'après sa
volonté, mais que la piété filiale des chrétiens décore
avec une grande richesse.

Notre visite d'églises est terminée pour aujourd'hui;
mais comme il n'est pas encore tard, et qu'un ravissant soleil de novembre nous engage à ne pas rentrer
immédiatement, nous nous dirigeons vers la *Villa
Borghèse*, au Monte Pincio, par le boulevard Princesse-
Marguerite, la gare, la place des Thermes. Les jardins
de la villa Borghèse son immenses, et offrent une magnifique promenade, plus vaste que celle du Pincio ;
la villa possède en outre une *galerie* de belles statues,
antiques et modernes, qui méritent une visite. Je me
borne à en citer quelques-unes dont le souvenir m'est
resté plus nettement : la statue couchée de Pauline
Borghèse, sœur de Napoléon Ier, en Vénus, par Canova,
et trois œuvres du même auteur dans sa jeunesse :
Énée portant Anchise, Apollon et Daphné, David avec
sa fronde.

Dimanche 20 novembre.

Notre très saint Père le pape Léon XIII avait bien
voulu nous accorder la faveur d'une audience qui
devait avoir lieu ce dimanche après sa messe à laquelle
nous étions aussi admis. Après avoir célébré moi-
même le saint Sacrifice à *Sainte-Marie in via*, je rentre

à l'hôtel vers sept heures et demie, afin de partir avec
mes compagnons pour le Vatican, où nous étions
convoqués pour huit heures. Mais une légitime impa-
tience avait sans doute pressé tout le monde : il n'y a
plus personne à l'hôtel. Il fait un temps affreux : la
pluie tombe à torrents comme elle sait tomber à
Rome; les rues sont à moitié submergées : il ne faut
pas penser faire la course à pied.

Je prends donc une voiture : *Al Vaticano e presto!*
Ces quelques mots ont l'air de faire de l'effet, et j'arrive sur la place Saint-Pierre, avant même une partie
de mes compagnons d'hôtel, qui sont d'ailleurs passés
par un chemin plus facile aux voitures, mais plus
long ; tandis que sur ma prière, mon cocher a pris la
ligne droit de l'hôtel au pont Saint-Ange.

Sur la présentation de notre feuille d'audience,
qu'il nous faut montrer plusieurs fois, nous sommes
conduits dans la grande *Salle des Consistoires*, spécia-
lement garnie de bancs pour nous : c'est là que
Léon XIII va célébrer la sainte Messe, à laquelle nous
allons assister. Au bout d'une bonne demi-heure d'attente, le Pape fait son entrée près de l'autel. Il est
huit heures et demie, mais le temps est tellement couvert, et la salle en est si sombre, que la vénérable
figure du Vicaire de Jésus-Christ nous apparaît bien
vaguement. Le saint Sacrifice commence, au milieu
des éclairs et du tonnerre : car c'est bien un orage que
nous avons au-dessus de nos têtes. Mais personne, pas
même les dames les plus sensibles, ne paraît avoir
peur : la foudre peut-elle tomber sur le Vicaire de
Jésus-Christ?

Léon XIII a la voix assez forte: il articule très nettement et très lentement toutes les prières de la Messe,
de sorte que l'on suit et que l'on entend très bien à
distance. Sa tête fait incessamment un petit mouve-

ment comme pour accentuer le sens des paroles qu'il
prononce. Il faut surtout l'entendre réciter les prières
pour l'Église, dont il a lui-même ordonné la récitation
après les Messes basses. Avec quelle foi et quelle ar-
deur il demande à Dieu de venir en aide à son Église,
et d'être notre secours *contra nequitiare et insidias dia-*
boli! La Messe du Saint-Père a duré environ quarante
minutes : c'est peut-être long ; mais je ne sais si les
saints pouvaient mieux célébrer le saint Sacrifice.
Après une seconde messe, pendant laquelle le pape fait
son action de grâces, il se retire dans ses appartements
pour nous admettre bientôt en audience particulière.

Léon XIII s'est retiré dans une petite salle tapissée
de rouge au fond de laquelle se dresse son trône : c'est
là que nous sommes admis un par un au baisement
de la mule et de la main. Je ne puis dire l'impression
que l'on ressent lorsqu'on est admis en présence du
Vicaire de Jésus-Christ, du représentant de Dieu sur
cette terre, de Celui qui est le chef de l'église et le Père
de tous les chrétiens, de Celui dont la haute et presque
divine majesté plane si fort au-dessus de toutes les
souverainetés temporelles ! — Le pape Léon XIII est
assez grand, peu courbé malgré son âge et ses fatigues.
La figure est assez longue, émaciée, d'un blanc presque
transparent; mais la sévérité de cette figure est singulièrement adoucie par un regard doux, paternel, et
son aspect ascétique est rehaussé par la dignité, la
noblesse, la majesté idéale que respire toute la personne du glorieux Pontife. Je remercierai toujours le
bon Dieu d'avoir permis que je puisse me prosterner
aux pieds de son représentant sur la terre, et d'avoir
pu recevoir sa paternelle bénédiction !

L'audience, à cause de notre grand nombre, dure
assez longtemps : nous ne rentrons guère à l'hôtel que
pour l'heure du déjeuner. Chacun, ce jour-là, était

libre de son après-midi, en ce sens qu'il n'y avait aucun programme de visites en commun. Le temps est devenu moins mauvais : j'en profite pour aller faire une visite un peu complète à l'église *Sainte-Marie-de-la-Minerve*, que j'avais déjà vue, mais superficiellement. Son nom lui vient de ce qu'elle s'élève sur l'emplacement d'un ancien temple dédié à Minerve, et construit par Pompée après ses victoires en Asie. Bâtie vers le XV° siècle, c'est une des très rares églises de Rome qui offre un style ogival: elle a été restaurée, en 1854, par les Dominicains qui la desservent. Elle se compose de trois nefs avec un chœur derrière l'autel. Sa voûte et ses murailles sont richement décorées d'ornements en style gothique peints sur fond d'azur. Dans la nef de droite, je remarque la chapelle de l'Annonciation, avec un beau tableau sur fond d'or attribué à Fra Angelico. On y voit le portrait du cardinal Torrecremata, fondateur d'une confrérie instituée pour fournir des dots aux filles pauvres de la ville (1460). — Dans le transept, riche chapelle de Saint-Thomas-d'Aquin, avec belles fresques à la voûte. Au fond de la nef latérale droite, chapelle de Notre-Dame-du-Rosaire et fresques de Jean de Vecchi représentant des scènes de la vie de sainte Catherine de Sienne. Le corps de cette sainte repose sous le maître-autel en cuivre doré. Les vitraux du chœur représentent des saints de l'ordre de saint Dominique, d'une exécution qui paraît d'autant meilleure que les vitraux sont très rares à Rome. A gauche du maître-autel, se trouve le Christ en marbre de Michel-Ange, statue d'une expression plus artistique que divine. L'artiste avait fait le Christ nu, on l'a vêtu depuis d'une draperie en bronze qui n'ajoute rien à sa perfection.

De la Minerve, je me rendis à l'église *San-Andrea della Valle*, qui date du XVI° siècle, et qui n'a qu'une seule nef avec transepts et un chœur profond. La coupole en a été peinte par Lanfranc; les quatres évangélistes qui ornent les pendentifs sont des chefs-d'œuvre du Dominiquin, surtout saint Jean porté par un aigle qui l'emporte vers le ciel, et saint Marc. — Dans la deuxième chapelle à droite, appelée chapelle *Strozzi* et dessinée par Michel-Ange, on remarque deux beaux candélabres en bronze qui sont peut-être aussi de cet artiste, et une copie également en bronze de sa *Pieta* qui est à Saint-Pierre. On y voit encore les statues de Lia et de Rachel, copiées sur celles du monument de Jules II à *S.-Pierre-in-vincoli*. — Dans l'abside, sous la corniche, se trouvent trois grands tableaux du Calabrais (à remarquer surtout le martyre de saint André). Au-dessus sont des peintures du Dominiquin, et à la voûte de l'abside, le même artiste a représenté des scènes de la vie de saint André. — Du côté gauche, il y a un beau tableau de Jean de'Vecchi dans la chapelle de saint Sébastien; et la première chapelle, celle des Barberini, est ornée de belles peintures de Passignani. On croit que c'est à l'endroit de cette chapelle qu'était le cloaque où l'on jeta le corps de saint Sébastien après son martyre.

Tous les pèlerins étaient invités ce jour-là à quatre heures et demie à l'*église de Saint-Eustache*, toute voisine du Panthéon, et qui n'offre rien d'intéressant. On croit qu'elle a été bâtie sur le lieu où saint Eustache, général d'armée sous Trajan, et martyrisé sous Adrien, fut renfermé, avec Théopista, sa femme, Agapit et Théopiste, ses fils, dans un taureau d'airain rougi au feu. Là, Mgr Germain, dans une chaleureuse allocution, rappela ce que nous étions venus faire à Rome et dans les sanctuaires d'Italie que nous avions déjà visités, et nous suggéra en même temps les sentiments que nous devions en ressentir et les résolutions que nous devions

prendre pour l'avenir, surtout vis-à-vis de l'Église et
de son Chef. Puis le salut solennel du Saint-Sacrement
termina cette journée qui avait commencé par la bénédiction pontificale.

NAPLES ET POMPÉI

Lundi 21 novembre.

Ce jour-là, à cinq heures du matin, en voyageurs
qui ne ressentent nullement les fatigues des quinze
jours précédents, nous partions à peu près tous pour
Naples et Pompéi. Au petit jour, nous laissons à notre
gauche la montagne de la Sabine, puis les monts Albains au-dessus desquels se trouve le village pittoresque
de *Rocca di Papa ;* puis *Castel-Gandolfo*, autrefois résidence d'été du pape, sur une colline couverte d'oliviers ; puis *Albano*, l'ancienne *Albe la Longue*. — Voici
la vallée du Sacco, et le pays des Volsques et des Her-
niques. — Nous arrivons à la station d'*Aquino*, patrie
de Juvénal et de saint Thomas d'Aquin, qui naquit
en 1224 au château de *Rocca secca*. Au delà, à gauche,
on découvre le fameux couvent du *mont Cassin*, dont
la station *Cassino* se trouve à 12 kilomètres d'*Aquino;*
ce couvent, fondé en 529 par saint Benoît, est resté
célèbre par sa position, sa bibliothèque et surtout ses
archives. — Nous passons ainsi un certain nombre de
villes aux noms plus ou moins historiques. Après avoir
traversé le *Vulturne*, la plus grande rivière de l'Italie
méridionale, nous arrivons à *Capoue*, dont on aperçoit
du chemin de fer, les remparts et les tours. Cette ville
fut construite au ix⁰ siècle sur l'ancien *Casilinum*, et

c'est près d'elle que le roi François II fut battu par les Piémontais. L'*ancienne Capoue* était à cinq kilomètres plus loin, où est maintenant *Santa-Maria di Capua*. Située au milieu d'une contrée fertile, elle vit sa richesse s'augmenter de bonne heure et en même temps son luxe et sa mollesse. Elle compta jusqu'à 300.000 habitants ; c'était la plus grande ville d'Italie après Rome. Pendant la seconde guerre punique, elle s'allia avec Annibal qui y établit ses quartiers d'hiver, et elle fut obligée de se rendre (211 av. J.-C.). Rétablie par César, elle fut complètement détruite par les Sarrazins au IXᵉ siècle. La pluie qui tombe au moment où nous passons, et le ciel maussade qui nous fait craindre la continuation de cette pluie, nous donnent une assez triste idée de ce que pouvaient être autrefois les délices de Capoue, qui ont annihilé les troupes carthaginoises, d'après l'histoire.

En quittant Capoue, on entre dans l'ancienne *Campanie*, aujourd'hui *terra di lavoro*, terre de labour, très fertile et bien cultivée. On peut y faire par an deux récoltes de blé et une de fourrage. Nous passons à *Caserte*, dont le château royal, qui s'étend devant la gare, a été construit en 1752, sous le règne de Charles III. Nous laissons ensuite sur la droite la voie qui conduit à Naples, et nous arrivons bientôt à *Pompéi*. Toutefois, avant d'arriver, nous avons, du chemin de fer qui se rapproche de la mer, et qui traverse un pays bien habité, une très belle vue sur Naples, le Pausilippe, Ischia et, en face, l'île de Caprée et la presqu'île de Sorrente.

Quelques mots d'abord sur *le Vésuve* que nous avons en face de nous en débarquant à la petite gare de Pompéi. Après un tremblement de terre, en février de l'an 63, qui détruisit en partie Herculanum et Pompéi, eut lieu, le 24 août 79, la première éruption de feu, qui acheva la destruction de ces deux villes et couvrit de lave toute la région. Pline le naturaliste, qui examinait l'éruption de Castellamare, fut étouffé par la cendre et les vapeurs, comme le raconte son neveu Pline le Jeune. Depuis, il y eut un grand nombre d'autres éruptions, mais moins fortes, surtout en 203, puis en 472, où le vent, dit-on, emporta de la cendre jusqu'à Constantinople. Depuis l'an 1500, il y a eu environ cinquante éruptions plus ou moins considérables, et elles se sont presque constamment succédé de 1717 à 1737. Le 16 décembre 1631, un immense nuage de fumée et de cendres se répandit sur Naples et jusqu'à Tarente, et causa la mort de 3,000 personnes. C'est à cette époque que furent détruites Torre del Greco, Torre dell'Annunziata, Portici, Resina. Il y eut encore des éruptions considérables en 1779, 1794, octobre 1822, février 1850, 8 décembre 1861. La dernière est celle d'avril 1872.

La ville de *Torre del Greco*, bâtie sur le torrent de lave de 1631, et où l'on passe avant d'arriver à Pompéi, a souvent souffert des tremblements de terre et des éruptions du Vésuve, ce qui n'empêche pas de la rebâtir toujours, et de là vient le proverbe napolitain · *Napoli fa i peccali, e La Torre li paga.*

Parlons maintenant de *Pompéi*. C'est une ville commerçante et florissante, remontant à une haute antiquité. Cicéron et d'autres Romains illustres y avaient des maisons de campagne. Après la destruction dont j'ai parlé, des éruptions successives en couvrirent les ruines jusqu'à une hauteur de 6 mètres et plus. C'est en 1748, sous Charles III, que l'on commença les fouilles et que l'on découvrit l'amphithéâtre, le théâtre et quelques autres parties. Depuis 1860, les fouilles ont repris vigoureusement, et on a découvert maintemant un grand tiers de la ville, qui devait contenir 20 à 30,000 habitants au moins, car la circonférence de ses murs est de 2,600 mètres.

Les rues sont bordées de hauts trottoirs, mais elles sont étroites. Les plus larges ont 7 mètres quelques-unes 4 mètres seulement, et sont pavées de grands blocs de lave grise. On y voit encore les ornières tracées par les roues des voitures d'où l'on a reconnu que leurs essieux avaient seulement 1 m. 35 centimètres. Les maisons sont légèrement bâties en briques ; on y reconnaît les boutiques, les épiceries et les tavernes aux grandes cruches de terre qui contenaient l'huile ou le vin, et qui sont encore maçonnées dans les comptoirs. Les maisons plus importantes se composaient ordinairement d'un couloir (*vestibulum*) qui conduisait à une cour (*araium*), entourée d'une galerie couverte. Au milieu de cette cour était l'*inpluvium*, destiné à recevoir l'eau de pluie, et derrière, une grande salle (*tablinum*) où le maître de maison (*patronus*) recevait. La seconde partie de la maison était destinée à la vie de famille : on y voyait aussi une cour centrale *peristylium* et quelquefois par derrière, un petit jardin (*xystus*). Autour se groupaient les chambres à coucher, cuisine, etc., fort petites. Le premier étage était habité par les esclaves,

Comme décoration, on trouvait dans ces maisons des ornements en marbre plus ou moins rare et précieux, beaucoup de statues, et surtout une profusion de peintures où dominent le rouge et le jaune. Ces peintures sont très variées et très élégantes, mais elles revêtent généralement un caractère efféminé qui donne une assez triste idée de la moralité de ces peuples anciens. La plupart de ces peintures ont été transférées au Musée de Naples ; on en trouve pourtant encore quelques échantillons, surtout dans les maisons récemment déblayées.

Voici les principales curiosités que j'ai remarquées.

dans cette ville morte, que l'on veut ressusciter, mais à laquelle on ne peut rendre la vie :

À l'entrée, on a établi *un petit Musée* où l'on voit des portes, des fenêtres, des fermetures de porte, des roues de voitures, de nombreux vases, etc. On y remarque aussi des squelettes d'animaux, et surtout huit plâtres de corps de personnes qu'on a retrouvées ensevelies, entre autres celui d'une jeune fille avec un anneau au doigt.

Parmi les anciens monuments proprement dits, voici les plus intéressants dont on retrouve les ruines : le *forum*, ou place pavée de grandes dalles, avec vingt-deux piédestaux de statues ; à côté, la *basilique*, avec un portique jadis soutenu par vingt-huit colonnes en briques ; le *temple de Vénus* avec le reste de sa colonnade et l'autel destiné aux sacrifices non sanglants ; le *Chalcidicum*, qui servait probablement de Bourse. — Dans la *rue des Thermes*, *les thermes* où l'on retrouve le vestiaire, le *frigidarium*, le *tepidarium*, le *sudatorium* (salle de transpiration), et des niches pour déposer des objets de toilette. Au bout un bassin en marbre pour se laver le visage et les mains. En face, se trouve la *maison du poète tragique* avec un chien sur le seuil et l'incription en mosaïque : *cave canem ;* il y a encore de belles peintures ; plus loin la *maison de Pansa*, très grande, avec le mot « *salve* » sur le pavé à l'entrée.

Vers la *porte d'Herculanum*, *la maison de Salluste*, avec une belle peinture d'Actéon guettant Diane au bain, changé en cerf et déchiré par ses chiens. A côté une *boulangerie*, avec son four et des moulins à bras. — A la porte d'Herculanum, commence la *voie des Tombeaux* c'est de là qu'on a la plus belle vue sur le Vésuve.

Du côté de la *porte Stabies*, on trouve le *forum triangulaire*, avec un *temple* au milieu. A côté un *grand théâtre* et un *petit :* celui-ci mieux conservé. C'est à

dix minutes de là que se trouve le grand *Amphithéâtre*,
très bien conservé ; mais la pluie qui ne cesse de tomber pendant cette visite nous détourne de cette course,
qu'il faudrait faire au milieu de terrains non déblayés.
— Cependant, après notre sortie des ruines, le temps
se remet au beau : nous pouvons alors mieux admirer
les environs : *Castellamare*, la *presqu'île de Sorrente*,
et surtout le *Vésuve*, dont on voit maintenant très
bien la fumée. A la tombée de la nuit, nous reprenons
notre train spécial qui au bout d'une demi-heure, nous
dépose à la gare de Naples.

Mardi 22 novembre.

Vedi Napoli e poi muori ! Voir Naples et mourir !
— Cette ville et ses environs sont considérés comme
une des parties les plus belles du monde entier ; de là
ce dicton ; mais je suis très volontiers de l'avis de
Louis Veuillot, et je souhaite à tous mes amis le plaisir de voir Naples, mais à condition qu'ils n'en meu-
rent pas.

Cette ville est peu intéressante au point de vue historique. On dirait que son climat énervant s'est op-
posé à son énergie et à ce qu'elle jouât un rôle dans
l'histoire. Comme ville, elle est aussi peu intéressante : ses monuments n'ont rien de saillant et ses
rues généralement tortueuses, étroites et sales ; ses
maisons également étroites et à toits plats, ses habitants peu propres et peu intéressants, la circulation
continuelle des voitures, les fouets, les cris des cochers, etc., en font une ville excessivement bruyante et
peu agréable à première vue. — Elle jouit d'un climat
très doux qui en rend le séjour favorable aux poitrines
délicates ; sa température moyenne est de seize à dix-
huit degrés ; elle ne descend jamais au-delà de trois
degrés au-dessous de zéro, et la neige est excessivement rare.

Le lendemain de notre arrivée, après avoir célébré la sainte Messe dans la coquette, mais peu intéressante église de *Santa-Teresa*, je descends sur la *Chiaia*, et je puis jouir déjà d'un beau coup d'œil sur la baie et sur la ville, bâtie en amphithéâtre au fond de cette baie arrondie. Après le déjeûner, nous faisons en voiture la visite de la ville. Elle est moins intéressante par ses monuments que par son site, son ciel et ses environs si pittoresques. Voici les choses qni ont surtout frappé mon attention.

Du côté de la mer, il y a le *castel dell'Ovo*, château fort du xiii° siècle qui s'avance dans le golfe et qui sert aujourd'hui de prison. — Le beau *quai de Santa-Lucia*, où la vie napolitaine s'étale dans son plein (on ne peut pas dire: dans toute sa beauté), surtout dans la belle saison. Les femmes y font leur toilette; il n'est pas rare d'y voir s'ébattre un essaim d'enfants dans un costume tout à fait primitif. A Naples, la pudeur n'a pas la même signification qu'ailleurs.

En remontant de là à gauche, on rencontre le *Palais Royal*, avec ses trois étages de colonnes doriques, ioniques et composites; mais la colonnade du rez-de-chaussée a été murée pour cause de solidité. En face s'étend la *Piazza del Plebiscito*, la plus belle de Naples, avec sa colonnade semi-circulaire. Elle fut construite en mémoire du plébiscite du 21 octobre 1860 qui annexa Naples au royaume italien. Au bout de la place s'élève l'*Hôtel de Ville*.

La *cathédrale*, bâtie aux xiii° et xiv° siècles, se compose de trois nefs, avec bas-côtés à voûtes gothiques. La voûte de la nef centrale est ornée de peintures. Sous le maître-autel se trouve la riche confession de Saint-Janvier; et le Dominiquin a représenté l'Adoration des Anges dans la coupole du chœur. — C'est dans le bas-côté droit qu'on admire la riche et magnifique *chapelle de Saint-Janvier*, élevée en 1608-1637 avec cette dédicace sur la façade : *Divo Januario, e fame, bello, peste ac Vesuvi igne miri ope sanguinis erepta Napolis, civi patrono vindici.* Elle est fermée de portes superbes, décorées de marbre et d'or, avec quarante-deux colonnes de marbre de couleur, et cinq tableaux sur cuivre du Dominiquin. Derrière le maître-autel, se trouve un tabernacle fermé par un bas-relief en argent, et qui contient deux fioles du sang de saint Janvier, dont la liquéfaction miraculeuse a lieu, comme chacun sait, chaque année, le 1er mai et le 19 septembre. — Le *trésor* de cette chapelle est d'une richesse merveilleuse : on y compte quarante-six bustes de saints, grandeur naturelle, en argent, qui servent à orner la cathédrale et la chapelle aux grandes cérémonies.

De la cathédrale, nous passons par la *Place Cavour*, où se trouve le *musée national*, renfermant toutes les curiosités et peintures trouvées à Pompéi, et qu'un mal entendu m'a empêché de visiter, à mon grand regret. Puis nous montons à *sant Elmo* ou *sant Martino*. C'est un ancien couvent, dont l'*église* du XIVᵉ siècle, est remarquable par la magnificence de ses décorations, et ses belles peintures de l'école napolitaine : c'est sous le rapport artistique, la plus belle de Naples ; elle est maintenant sécularisée, et dépend du musée national. J'y remarque surtout le riche et splendide maître-autel, et quelques peintures de Lanfranc, P. Véronèse et Stanzioni. — La sacristie contient aussi quelques beaux tableaux et de riches incrustations en bois. Le *cloître* est orné de belles colonnes doriques ; mais ce qui le rend plus curieux, et lui attire un nombre considérable de visiteurs, c'est le balcon qui s'y trouve, et d'où l'on découvre le *panorama* le plus féerique que l'on puisse concevoir.

Naples à vos pieds, ses monuments, ses ports, ses bâtiments; puis le Vésuve fumant dans le lointain, avec les villes qu'il domine, et en allant sur la droite Castellamare, Sorrente, et sa presqu'île de Caprée; sur la droite : Ischia, Procida, et plus près le promontoire du Pausilippe : tout cela noyé dans la lumière si douce et si transparente du soleil napolitain : c'est vraiment le spectacle unique qui a dû justifier le dicton: *Vedi Napoli e poi muori!* dans tous les cas, c'est le plus beau panorama que j'aie vu dans tout ce voyage où pourtant on en voit beaucoup.

Il faut cependant s'arracher à ce splendide spectacle; et nous redescendons ces hauteurs par un quartier bien peu attrayant comme population, et d'ailleurs bien nommé à mon avis: *Vomero*. Nous attirons l'attention des individus par nos cinquante voitures qui se suivent à la file, et nous excitons au plus haut point leurs cris et leurs gestes que nous trouvons fort inconvenants, mais qui ne sont pour eux que l'expression d'une joie un peu bruyante. Du long et serpenteux *Corso Vittorio Emmanuele*, nous continuons de jouir d'une très belle vue sur la ville, la baie et le Vésuve, puis nous arrivons à un long tunnel qui passe sous le *Pausilippe* et que nous traversons. Cette route conduit à Pouzzoles. Au-delà du tunnel se trouve un quartier aussi peu intéressant que celui de Vomero. C'est près de là que l'on voit la fameuse *grotte* où l'on montrait ce que l'on croyait être le *tombeau de Virgile*. Il est certain que l'auteur de l'Enéide habitait sur le Pausilippe, mais fut-il réellement inhumé dans cette grotte ? On dit qu'en 1326, il y était encore avec cette inscription sur la frise :

Mantua me genuit, Calabri rapuere, tenet nunc
Parthénope; cecini pascua, rura, duces.

Tout a disparu ; mais en 1554, on plaça en cet endroit cette autre inscription qui s'y voit encore :

Qui cineres? tumuli hœc vestigia; conditur olim
Illic qui cecinit pascua, rura, duces.

Un souvenir donc au poète de Mantoue qui sut si bien choisir le lieu de ses inspirations, et reprenons le tunnel pour parcourir encore la magnifique promenade de la *Villa Nazionale,* qui s'étend le long de la *Chiaia.* La nuit va venir : il est temps de rentrer à l'hôtel pour se préparer à reprendre le chemin de Rome, où nous arrivons à minuit.

Mercredi 13 novembre.

Je n'avais pas encore, depuis mon arrivée à Rome, célébré la sainte Messe à la basilique de Saint-Pierre. Ce jour-là, à sept heures, au moment où on ouvre les portes, je me trouvais là ; car je ne voulais pas quitter la ville éternelle sans dire la Messe au tombeau des Apôtres. C'est à la *chapelle du Saint-Sacrement* que je célébrai le saint Sacrifice ; et après mon action de grâces à la Confession et un dernier baiser à la statue du prince des apôtres, je quittai cette église des églises. Dieu permettra-t-il que je la revoie jamais ?

Nous avions visité, pendant notre court séjour, tous les monuments et toutes les églises vraiment remarquables de Rome. Aussi, je voulus employer les derniers jours à une visite aux environs de la ville. Il s'agissait d'aller visiter *Tivoli* et ses *cascades.*

C'est le chemin de fer qui nous y conduit, en suivant jusqu'à 2 kilomètres de Tivoli l'ancienne *via Tiburtina.* Nous voyageons en pleine *campagne romaine;* elle est noyée dans la plus belle lumière que l'on puisse désirer en Italie; et je ne puis mieux la dépeindre que Châteaubriand : « Rien n'est comparable, pour la beauté, aux lignes de l'horizon romain, à la douce inclination des plans, aux contours suaves et fuyants des montagnes qui la terminent. Souvent les vallées dans la campagne prennent la forme d'une arêne, d'un cirque, d'un hippodrome, les côteaux sont taillés en terrasses, comme si la main puissante des Romains avaient remué toute cette terre. Une vapeur particulière répandue dans les lointains, arrondit les objets et dissimule ce qu'ils pourraient avoir de dur et de heurté dans leurs formes. Les ombres ne sont jamais lourdes et noires ; il n'y a pas de masses si obscures de rochers et de feuillages, dans lesquelles il ne s'insinue toujours un peu de lumière. Une teinte singulièrement harmonieuse marie la terre, le ciel et les eaux ; toutes les surfaces, au moyen d'une gradation insensible de couleurs, s'unissent par leurs extrémités, sans qu'on puisse déterminer le point ou une nuance finit et où l'autre commence. Vous avez sans doute admiré, dans les paysages de Claude Lorrain, cette lumière qui paraît idéale et plus belle que nature ! Eh bien ! c'est la lumière de Rome ! » (*Voyage en Italie.*)

A peu près à moitié chemin de Tivoli, on passe tout près des *Aquæ albulæ*, dont l'odeur révèle la proximité. Non loin se trouve *Bagni*, station de bains sulfureux très fréquentée autrefois, moins aujourd'hui ; près de là aussi les carrières de travertin qui ont servi à la construction de Rome ancienne et moderne, du Colisée, de Saint-Pierre, etc. Le chemin de fer fait ensuite un long détour pour ménager la montée et nous arrivons à *Tivoli*. Cette ville, l'ancienne *Tibur*, existait même avant Rome, comme colonie des Sicules. Elle fut soumise par Camille en 380 av. J.-C. Du temps d'Auguste, l'aristocratie romaine y fit construire de magnifiques villas. Aujourd'hui, c'est une ville de 7,000 habitants n'offrant rien de bien intéressant que ses souvenirs et ses cascades.

Un guide nous attendait à la gare. En Italie, il y a partout des guides qui attendent toujours. Celui-ci nous paraît honnête, même dans son prix, chose rare ; il nous emmène à l'*hôtel de la Sibylle*. Cet hôtel est une auberge, où nous déjeunons vaille que vaille, mais dont la terrasse, comme compensation, est ornée du *temple de Vesta*, improprement appelé *temple de la Sybille*. On en fait le tour entre le péristyle et la *Cella*, en une soixantaine de pas : c'est un petit édifice rond, de style corinthien, dont la toiture était supportée par dix-huit colonnes dont il en reste dix. Il rappelle un peu le petit temple de la place *Bocca della Verita* à Rome. — Le véritable *temple de la Sybille* est voisin : il en diffère beaucoup, par sa forme carrée et le style sévère de son architecture et il est moins bien conservé. Lorsque la chute de l'Anio était placée un peu plus à droite, comme on le suppose, le temple devait être immédiatement suspendu sur la cascade, comme celui de Vesta aujourd'hui ; ce lieu était propre à l'inspiration de la Sybille, et à l'émotion religieuse de la foule.

En 1826, une inondation de l'Anio détruisit une partie de la ville ; depuis, il a fallu faire un nouveau lit au fleuve : il passe d'abord sous un tunnel, puis s'enroule avec fracas dans une chute de 100 mètres, qui fait un magnifique effet, surtout quand le soleil donne à la vapeur d'eau toutes les teintes de l'arc-en-ciel. — Un autre bras de l'Anio suit son ancien cours, bien diminué et s'engouffre parmi des roches pour tomber dans la *grotte de Neptune*, puis il va se précipiter en une autre chute dans la *grotte* fantastique des *Sirènes*. Cet ensemble de chutes d'eau, de grottes bizarrement taillées dans le travertin, ce bruit des cascades, et en même temps la verdure luxuriante qui égaye le paysage et en adoucit le côté un peu sauvage, pour lui donner un

caractère plus pittoresque, est un spectacle vraiment
séduisant.

Nous allons ensuite visiter la célèbre *villa d'Este*,
avec ses jardins ornés de terrasses, de grottes, de cascades, ses charmilles, ses hauts cyprès, ses gigantesques
aloès. Et nous avons peine à nous arracher au magnifique panorama qui, de la terrasse, se déroule sous nos
yeux. Comme Châteaubriand, « je ne pouvais me las-
ser d'admirer la perspective dont on jouit du haut de
ces terrasses : au-dessous de vous s'étendent les jardins avec leurs platanes et leurs cyprès ; de l'autre
côté de la rivière, sur la colline, en face, règne un
bois de vieux oliviers ; un peu plus loin, à gauche,
dans la plaine, s'élèvent les trois monts Monticelli,
San Francesco, et Sant Angelo, et entre les sommets
de ces trois monts apparaît le sommet lointain et azuré
de l'antique Soracte : à l'horizon et à l'extrémité des
campagnes romaines, en décrivant un cercle par le
couchant et le midi, on découvre les hauteurs de
Monte-Fiascone, Rôme, Civita-Vecchia, Ostie, la mer,
Frascati, surmonté des pins de Tusculum. Il serait
difficile de trouver dans le reste du monde une vue
plus étonnante et plus propre à faire naître de puis-
santes réflexions. Je ne parle pas de Rome, dont on
aperçoit les dômes (que domine superbement celui de
Saint-Pierre) et qui seule dit tout ; je parle seulement
des lieux et des monuments renfermés dans cette vaste
étendue. » (*Voyage en Italie*).

Arrivés par le chemin de fer, nous retournons par
le tramway à vapeur. Les vieux Romains ensevelis
tout le long de la *via Tiburtina* doivent être bien sur-
pris d'entendre rouler au-dessus de leur tête tous ces
moyens de transport si modernes. A la nuit tombante,
nous rentrons à Rome par la porte Saint-Laurent.

Nous étions tous invités à passer cette dernière

soirée chez Mgr Marini, un des quatre camériers par-
ticipants du Saint-Père, *Via della Dogana Vecchia*,
près du Panthéon et de l'église Saint-Eustache. Nous
nous y rendons, et nous entrons dans une salle déjà
remplie où l'on fait de la musique. Après avoir entendu quelques morceaux, et surtout un joueur de man-
doline à qui nous décernons des applaudissements bien
mérités, je suis obligé de quitter la salle, parce qu'il y
fait une chaleur étouffante. La lune est brillante ;
j'engage alors les quelques amis qui sont sortis avec
moi à aller voir le *Colisée au clair de la lune*. Une voiture nous y conduit, et nous jouissons alors d'un
spectacle unique, et que seul peut offrir le Colisée.
Cette ruine, déjà si grandiose au jour, paraît alors
doublée par la demi-lumière dont elle est éclairée ; la
pâle lueur de la lune traversant toutes ces baies, et
laissant les parties non éclairées dans une obscurité
d'autant plus profonde, toutes ces galeries vides, ce
silence majestueux qui plane sur ce monument jadis
si bruyant : tout cela est vraiment un spectacle
étrange, une vision fantastique dont on ne peut se
faire l'idée.

RETOUR

Jeudi 24 novembre

Il nous faut enfin dire adieu à la ville éternelle.
Heureusement, c'est le matin, avant même que le jour
ne paraisse, que nous nous embarquons pour Florence.
Avec un peu de bonne volonté, et grâce à la nuit, nous
pouvons nous faire illusion, et nous persuader que

Le Colisée.

9

nous quittons la première ville venue : notre regret est ainsi moins amer.

Comme nous devons nous arrêter à Assise, nous reprenons jusqu'à Foligno, la voie que nous avons suivie en venant d'Ancône. Je ne dirai donc rien de ce parcours que j'ai décrit plus haut.

Après *Foligno*, nous arrivons bien vite en vue d'une ville admirablement située à mi-côte, et dominant ainsi complètement la magnifique vallée dans laquelle nous voyageons. C'est *Assise*, où nous faisons un arrêt de quelques heures pour y faire notre pèlerinage. Assise est la patrie du poète élégiaque Properce, qui y naquit vers l'an 50 av. J.-C. ; mais c'est surtout la patrie de saint François qui y vint au monde en 1182. Mort le 4 octobre 1226, il fut canonisé deux ans après par Grégoire IX. Le Dante, dans son poème, dit de lui en le comparant à un soleil, et en même temps de sa ville natale :

> ..... Nacque al mondo un sole
> Come fa questo tal vɔlta di Gange.
> Pero chi d'esso loco fa parole
> Non dica Ascasi, che direbbe Corto,
> Ma Oriente, se proprio dir vuole.
>
> (*Parad.*, XI, 50 seq.)

Notre première visite est pour la *Basilique de Saint-François*, dont la majesté attirait déjà notre attention dès le départ de la gare, surtout avec ses grandioses soubassements à arcades. Le couvent qui y est attenant a été sécularisé : il est occupé maintenant par une école pour les enfants d'instituteurs. — On jouit de l'esplanade d'une vue admirable sur la magnifique contrée qui s'étend devant les regards.

Nous commençons la visite de la basilique, qui se compose pour ainsi dire de trois églises superposées, par *celle du milieu* qui se trouve à peu près de plein

pied avec la petite place qui la précède. L'intérieur de
ce premier sanctuaire, bâti dé 1228 à 1232, est bas et
sombre. Il y a à la voûte de belles fresques d'Andrea
dell'Ingegno, représentant des Prophètes et des Sy-
billes, malheureusement peu éclairées, malgré le
beau soleil qui luit au moment de notre visite. Le
transept droit a été orné par Giotto de trois rangées
de scènes de la vie de Jésus-Christ; et il y a aussi
d'autres fresques attribuées au même auteur dans la
chapelle du Saint-Sacrement qui se trouve dans ce
même transept. Au-dessus du maître-autel, on admire
encore de très belles peintures, toujours du même artiste : la glorification des trois vœux d'obéissance, de
pauvreté et de chasteté. Le transept nord est orné de
scènes de l'histoire de la Passion, de l'école de Sienne.
Dans ce transept s'ouvre la sacristie, où nous véné-
rons le voile authentique de la sainte Vierge et des
reliques de saint François.

Nous descendons ensuite dans la *crypte* ou *église
inférieure;* elle est construite en style grec. très peu
en rapport avec les parties supérieures. Elle ne fut
construite qu'après 1318, époque où l'on trouva dans
cette crypte. le *tombeau* du Patriarche d'Assise consistant en un sarcophage en pierre brute qui se trouve
sous l'autel de l'église moyenne.

Puis nous montons dans l'*église supérieure*, qui n'est
plus livrée au culte, mais qui est couverte entièrement
de magnifiques peintures à fresques de l'école florentine, malheureusement détériorées. Sans être fana-
tique du style gothique, je reconnais que je le préfère,
pour les grands édifices, au style roman, et surtout au
style grec ou byzantin; aussi, j'éprouve une véritable
satisfaction de me retrouver enfin dans une église du
plus pur gothique, qui me rappelle, sauf la différence
considérable des peintures. la Sainte-Chapelle de Paris;

et je reste volontiers en admiration devant ce plan en belle croix latine, ces longues fenêtres, cette rose du XIII° siècle qui surmonte le portail : toutes choses qui existent peut-être, mais que je n'ai vues nulle part ailleurs en Italie, pas même à Milan, où le gothique revêt un caractère particulier à la Lombardie, qui lui ôte de sa pureté.

Remontant ensuite dans la ville, nous passons sur une place où l'on remarque un beau et antique portique soutenu par six colonnes de travertin, qui appartenait à un temple de la Minerve, et qui précède aujourd'hui l'église de *Santa-Maria-della-Minerva*. Un peu plus loin se trouve une autre église. gothique aussi, mais qui a subi des modifications : c'est l'*église Sainte-Claire* élevée en 1253. La voûte en est ornée de fresques de Giottino, et dans la nef de droite, on en voit d'autres de Giotto. Sous l'autel, on vénère le corps de la sainte fondatrice des Clarisses.

Nous visitons encore à Assise la *Chiesa nuova*, (église nouvelle) élevée sur l'emplacement de la maison paternelle de saint François. On y a conservé l'entrée de la chambre où il reçut le jour, et le réduit où son père l'enfermait, avec une corde au cou, pour l'empêcher de se livrer à des aumônes qu'il croyait excessives.

Avant de reprendre notre route, il nous faut visiter aussi la *basilique de Sainte-Marie-des-Anges*, qui se trouve près de la gare. En redescendant de la ville, je remarque, sur une maison qui borde la route, une fresque assez grossière ; elle rappelle que c'est là que saint François a voulu être porté avant sa mort, pour bénir une dernière fois la ville où il avait reçu le jour.

La *basilique de Sainte-Marie-des-Anges* a été restaurée presque complètement pendant ce siècle : elle

est bâtie en style renaissance, et peu curieuse au point
de vue artistique. Mais on y conserve, enclavée comme
la *Santa Casa* à Lorette, la *chapelle de la Portioncule*,
où Saint-François a obtenu de Dieu l'indulgence pré-
cieuse connue sous ce nom. On y voit aussi la *chambre*
où le saint est mort, et, attenant à l'église, le petit
jardin rempli de rosiers, rejetons du fameux rosier où
saint François se roulait, mais qui depuis a poussé
sans épines, et avec les feuilles portant des taches ressemblant à des taches de sang. C'est après avoir prié
avec ferveur dans ce sanctuaire béni que nous remontons en wagon, et que nous continuons notre course
vers Florence. — Après la station de *S.-Giovanni*, on
aperçoit à droite le *tombeau des Volumnii*, reconnais-
sable à quelques cyprès, et qui faisait partie de la né-
cropole étrusque de Pérouse, découverte en 1840. Il
se compose de dix cellules taillées dans le tuf de la
colline, et portant des inscriptions étrusques et latines.
— Plus loin, sur la hauteur à droite. nous voyons *Pérouse*, ville de 16,000 habitants chef-lieu de la province
d'Ombrie, où le pape Léon XIII fut évêque pendant
trente-deux ans. — Après *Passignano* et son tunnel,
nous longeons pendant quelque temps le *lac Trasimène*, dont Tite-Live nous donne une description
exacte et toujours vraie (XXII, 4 seqq.). Il est célèbre
par la victoire qu'Annibal y remporta sur le consul
Flaminius, le 23 juin 217 av. J.-C. Annibal occupait
les hauteurs du défilé de deux lieues qui s'étend au
nord du lac entre *Borghetto* et *Passignano*. Le brouil-
lard empêcha le consul de voir l'ennemi qu'il croyait
en route pour Rome, il s'engagea dans ce défilé et y
laissa le plus grand nombre de ses soldats. Le *Sangui-
netto*, ruisseau que nous franchissons ensuite, doit son
nom au sang humain qui en rougit les eaux ce jour-là.
Ce lac a 50 kilomètres de tour, et on y aperçoit trois

îles. Les pentes qui l'entourent sont couvertes de bois et surtout d'olivier.

Quelques minutes d'arrêt à *Arezzo* nous permettent de jeter un coup d'œil sur le beau panorama que présente cette ville, bien située sur la hauteur à droite, avec sa pittoresque cathédrale. *Arezzo* (*Arretium*) est une ville de 11 000 habitants, détruite autrefois par Sylla pendant la guerre civile (83 av. J.-C.) C'est la patrie de Guy d'Arezzo (Guido Aretino), religieux bénédictin qui inventa la notation musicale ; de Mécène, ami d'Auguste, protecteur de Virgile et d'Horace ; de Pétrarque (1304-1373), le plus grand poète lyrique de l'Italie ; enfin du poète satyrique Pietro Aretino, dit l'Arétin.

Nous entrons peu après dans la vallée de l'*Arno*, que nous suivrons jusqu'à Pise. Il y avait sans doute autrefois à l'endroit où nous sommes, un grand lac, car on y a trouvé quantité d'ossements fossiles, d'éléphants, de rhinocéros, de mastodontes, etc. Enfin, mais trop tard pour en rien voir aujourd'hui, nous arrivons à *Florence-la-Belle*.

Vendredi 25 novembre.

Florence (en italien *Firenze*), ville de 167,000 habitants a été fondée probablement au Iᵉʳ siècle avant notre ère. Au xivᵉ siècle, commence dans cette grande ville, une lutte entre la bourgeoisie et la noblesse : c'est alors que le Dante est banni. Au xvᵉ, la famille des Médicis affermit son pouvoir. La protection que cette famille accorda aux arts et aux sciences fit de Florence le centre du mouvement de la Renaissance. Alors se trouvaient à Florence Michel-Ange, Ghirlandajo, Pic de la Mirandole, etc. En 1494, les Médicis sont chassés ; Jérome Savonarole veut établir un gouvernement théocratique indépendant, mais il meurt sur le bûcher en 1497. On rappelle les Médicis en 1512, et un membre de cette famille, Jean, devient Pape sous le nom de Léon X. La race s'étant éteinte en 1737, l'empereur prend possession de ce pays et Florence est, dès lors, gouvernée par des grands ducs de la maison d'Autriche. En 1860, elle fut réunie à l'Italie par un plébiscite, et jusqu'en 1870, elle fut la capitale du royaume.

Florence est très illustre dans l'histoire des lettres, des arts et des sciences. C'est la patrie du Dante (1265-1321) ; Boccace y a séjourné et elle fut le théâtre où ont brillé les Marcile Ficin, les Pic de la Mirandole, et plus tard les Machiavel, les Guichardin, les Galilée. — Dans la peinture, nous y trouvons Cimabuë (1240-1302), Giotto (1276-1337) ; au xvᵉ siècle Ghirlandajo, Fra Angelico da Fiesoli ; au xvıᵉ, Léonard de Vinci, Michel-Ange et Raphaël qui y travaillent en même temps ; Fra Bartolomeo, Andrea del Sarto, etc., et tous ces artistes, avant d'être appelés à Rome par Léon X, font de Florence la ville artistique par excellence.

La ville est située sur les deux rives de l'Arno, dans une vallée délicieuse, pas trop large et pittoresquement entourée des dernières pentes de l'Apennin, dont on aperçoit, au nord, la cime la plus élevée, le *mont Morello* (970 mètres). Elle a vraiment le caractère d'une grande ville moderne.

Notre première visite dans Florence est naturellement pour sa *cathédrale* ou *dôme*, bâti de 1294 à 1474, dans un style gothique italien très imposant. Sa coupole a servi de modèle à Michel-Ange pour celle de Saint-Pierre de Rome. Sa façade, plutôt jolie que belle, est toute moderne. Le revêtement extérieur de tout l'édifice, en marbre blanc et noir, fait un bel effet. — L'intérieur de l'église est majestueux, mais un peu nu, et d'une sévérité que rend bien plus saillante encore l'air gai de l'extérieur et surtout de la façade; c'est du moins l'impression que j'en ai ressentie. Il y a dans cette église beaucoup de tombeaux et de statues, mais peu d'œuvres vraiment remarquables. Dans la nef de gauche, près de la porte latérale, on montre un portrait du Dante, avec une vue de Florence et des scènes de la *Divine Comédie* peintes sur bois en 1465 par Domenico di Michelino.

Le *campanile* voisin, mesurant 89 mètres de haut, et aussi revêtu de marbre blanc et noir dans toute sa hauteur, passe à juste titre pour un des plus beaux et des plus élégants de toute l'Italie. Les fenêtres surtout sont très remarquables comme richesse de détails.

En face le portail, se trouve le *baptistère*, revêtu également de marbre blanc et noir. C'est un des édifices les plus anciens de la ville : il a dû être élevé au vie siècle sur les ruines d'un ancien temple payen, mais il fut modifié au xiiie siècle. Il est de forme octogone, avec coupole, et fermé de magnifiques et célèbres portes de bronze des xive et xve siècles. On admire surtout celle qui regarde le dôme, et qui fut modelée au xve siècle par L. Ghiberti : c'est une merveille artistique. Michel-Ange disait de ces portes qu'elles étaient dignes de fermer le Paradis, d'où le nom de *portes du Paradis* par lequel on les désigne quelquefois. — Il y a au-dessus de la porte, du côté de la cathédrale, un groupe de Sansovino représentant le baptême de Notre-Seigneur.

Les autres églises intéressantes de Florence sont les suivantes, que nous visitons successivement par une pluie battante qui nous empêche d'en examiner l'extérieur à loisir, mais non d'en étudier l'intérieur.

L'église *Santa-Croce*, précédée d'une grande *place* sur laquelle s'élève la *statue du Dante*. Elle fut bâtie du xiii° au xv° siècle, mais sa façade a été construite récemment sur les plans anciens. C'est une grande et monumentale église, à trois nefs, et d'un effet grandiose à l'intérieur. On y trouve beaucoup de monuments d'Italiens célèbres, et on l'appelle pour cette raison le Panthéon de l'Italie. Je remarque, entre autres monuments et curiosités, dans la nef à droite, le tombeau de Michel-Ange, celui du Dante avec cette inscription : *Onorate l'altissimo poeta*, et celui de Machiavel, avec cette autre inscription moins méritée : *Tanto nomini nullum par elogium.*

Dans le transept droit, où se trouve la chapelle du Saint-Sacrement, on voit des fresques d'Agnolo Gaddi ; sur l'autel, un crucifix attribué à Giotto, et un tableau du couronnement de la Vierge du même artiste. — Dans la chapelle Peruzzi, on remarque un tableau de Dieu le Père, avec la sainte Vierge, saint Roch et saint Sébastien, attribué à Andrea del Sarto, et surtout les fresques du Giotto qui passent pour ses meilleures : l'histoire de saint Jean l'Évangéliste et de saint Jean-Baptiste. — Dans la chapelle suivante on trouve encore d'autres fresques du même : scènes de la vie de saint François d'Assise.

Le chœur est également orné de fresques d'Agnolo Gaddi, du xiv° siècle, et dans la nef centrale, on remarque une belle chaire en marbre avec cinq bas-reliefs représentant l'histoire de l'Ordre des Franciscains.

Dans le transept gauche, se trouve le monument de L. Cherubini, de Florence (1760-1842), et dans la nef latérale du même côté, on remarque ceux de Carlo Mazzuppini et surtout de Galilée, mort en 1642, par Jean-Baptiste Foggini.

L'église *Sancta-Maria-Maddalena*, qui n'offre guère d'autre intérêt que le maître-autel, sous lequel on conserve le corps de sainte Marie-Madeleine de Pazzi.

L'église de SS.-*Annunziata*, fondée en 1260 et précédée du beau péristyle dont la porte du milieu est surmontée d'une superbe Annonciation en mosaïque de David del Ghirlandajo. Sous les portiques de ce beau péristyle, on admire de ravissantes fresques d'Andrea del Sarto et de ses élèves, surtout les sujets suivants qui sont tous du maître : la Nativité de Marie, saint Philippe donnant son habit à un malade, les joueurs foudroyés par lui, le même saint guérissant un possédé, et sa mort. — L'intérieur est à une seule nef avec transepts et coupole. Remarquer surtout la rotonde du chœur, ornée de fresques par Volterrano, voir aussi une Vierge avec des saints, du Pérugin, dans la septième chapelle à droite et une copie du Jugement dernier de Michel-Ange, par Allori, dans la troisième chapelle. Dans le transept nord, au-dessus d'une porte, *Madonna del Sarco* d'Andrea del Sarto (1525).

L'église si intéressante de *S.-Lorenzo*, fondée en 390, et consacrée par saint Ambroise en 393, une des plus anciennes de l'Italie. Elle fut rebâtie au xvᵉ siècle, après un incendie, et achevée par Michel-Ange, sauf la façade dont il donna seulement le plan. L'intérieur est à trois nefs avec transepts et coupole. J'y remarque surtout, dans le bas côté droit, le monument du peintre Benvenuti, par Thorvaldsen, et les beaux bas-reliefs des deux chaires par Donatello. — Dans ce qu'on appelle la *nouvelle sacristie*, qui fut bâtie par Michel-Ange, se trouvent les monuments des Médicis, chefs-d'œuvre du même artiste. On y admire surtout une superbe Madone, et les deux célèbres statues du *Jour* et de la *Nuit*, sur le monument de Julien de Médicis, frère de Léon X. — Jean-Baptiste Strozzi, poète

contemporain de l'artiste, avait écrit sur la statue
de la Nuit :

> La Notte, che tu vedi in si dolci atti
> Dormire, fu da un Angelo scolpita
> In questo sasso, et perchi dorme ha vita;
> Destala, se no'l credi, et parlaratti.

Michel-Ange répondit en faisant allusion à la liberté
menacée par Alexandre de Médicis, en 1530 :

> Grato m'è il sonno, e più l'esser di sasso;
> Mentre ch' il danno e la vergogno dura,
> Non veder, non sentir m'è gran ventura;
> Pero non mi desta ; deh ! parla basso.

Je ne connais que ce quatrain de Michel-Ange,
mais ne montre-t-il pas que ce génie incomparable
pouvait être aussi grand poète que grand architecte,
grand sculpteur et grand peintre ?

L'église *Santa-Maria-Novalla*, près de la gare centrale. Sur la *place* qui précède, on voit deux obélisques
en marbre reposant sur des tortues : ils datent de 1608,
et servaient autrefois de but dans les jeux qui avaient
lieu sur cette place. L'église, de style gothique, date
des xiiie et xive siècles. L'intérieur est à croix latine,
avec trois nefs et douze piliers. La distance entre ces
piliers est plus grande vers l'entrée que du côté du
chœur, ce qui produit un effet assez bizarre quand on y
fait attention, mais peu visible à première vue à cause
de la perspective.

Après la visite de ces églises, les plus intéressantes
de Florence, nos voitures nous emportent aux environs de la ville. Nous traversons l'Arno sur le *ponte
Vecchio*, nous sortons par la *porta Romana*, puis nous
prenons sur la gauche pour monter à l'église San-Miniato, par une route bordée de magnifiques jardins.
L'*église San-Miniato*, fondée en 1013, est une basilique à trois nefs, présentant de nobles proportions et

bâtie dans le style pisano florentin qui se rapproche
du roman. La façade est ornée de gracieuses incrustations du xiie siècle. — Le chœur est exhaussé par une
crypte. Sur les bas-côtés, on remarque des fresques
des xive et xve siècles. Les cinq fenêtres de l'abside
sont fermées par des plaques de marbre transparent.
Le pavé est partie en mosaïque, partie en dalles funé-
raires de marbre. — A côté de l'église se trouve un
Sampo-Santo assez intéressant.

Nous redescendons par la *place Michel-Ange*, voisine de San-Miniato, et sur laquelle se dresse une belle
statue en bronze, représentant le *David de Michel-
Ange* dont l'original est à l'Académie des Beaux-Arts.
Cette place est bordée d'une terrasse fort élevée, et
l'on y jouit d'une magnifique vue sur Florence, la vallée de l'Arno, avec les nombreuses villas dont elle est
parsemée. Fiesole et les Apennins. De là, nous traversons de nouveau une grande partie de la ville, le
long des quais de l'Arno, pour nous rendre au *Cas-
cine*, grande promenade boisée très fréquentée des
Florentins : c'est pour ainsi dire leur bois de Boulogne. Le temps qui est toujours maussade m'empêche
d'y trouver le charme que j'y aurais peut-être trouvé
par un beau soleil et je rentre bientôt à l'hôtel.

Samedi 26 novembre.

Notre journée sera aujourd'hui consacrée à la visite
des deux magnifiques musées de Florence, *Uffizi* et le
palais Pitti. Nous arrivons d'abord sur la *Piazza della
Signoria*, où s'est déroulée presque toute l'histoire de la
République florentine, et où furent brûlés Savonarole et
deux autres Dominicains, le 23 mai 1498. — Sur cette
place, se trouve le *palazzo Vecchio*, jadis siège du Gouvernement de la République. On voit, à droite, le
groupe d'Hercule et Cacus, par Baccio Bandinelli, ri-

val de Michel-Ange. — La place est ornée en outre
d'une belle fontaine avec Neptune et des Tritons, et
de la statue équestre en bronze de Cosme Ier par Jean
de Bologne.

Au sud de la place, s'élève une espèce de portique
appelé *Loggia dei Lanzi*, qui date du xive siècle, et qui
est décoré de plusieurs beaux groupes : l'enlèvement
des Sabines, de Jean de Bologne; Persée avec la tête
de Méduse, en bronze, par Benv. Cellini; un guerrier
tenant un cadavre, peut-être Ajax avec le corps de
Patrocle ou d'Achille ; enfin, Hercule terrassant le cen-
taure Nessus, de Jean de Bologne.

Entre le *Palazzo Vecchio* et la *Loggia*, on voit le
Portique des Uffizi, élevé au xvie siècle, et dont les
niches sont décorées de statues de Toscans célèbres.
Sous ce portique, se trouve l'entrée du *Musée*, un des
plus beaux du monde. Il renferme une grande quantité
de statues et de tableaux, dont beaucoup de chefs-
d'œuvre. Comme je l'ai toujours fait pour les musées,
je me bornerai à citer ceux qui m'ont le plus frappé.

Dans la salle appelée la *Tribune*, tous chefs-d'œuvre,
surtout : la statue en marbre de la *Vénus* dite *des Médicis*, trouvée au xvie siècle dans la villa d'Adrien près
de Tivoli ; et les tableaux suivants : *Vierge au char-
donneret* (Raphaël), *Fornarina*, (id.), Vénus du Titien;
Vierge avec saint Jean l'Évangéliste et saint François
(A. del Sarto); Sainte Famille de Michel-Ange, une
autre de Paul Véronèse. — *Ecole toscane* : Tête de Méduse, attribuée à Léonard de Vinci; Nativité et Circor-
cision. de Fra Bartolomeo ; saint Sébastien, de Sodoma.
— *Ecoles vénitienne et lombarde* : Massacre des Innocents (Dosso Dossi); Paysage, de Salvator Rosa. —
Ecole hollandaise ; Sainte Famille, de Rambrandt (aussi
au Louvre); Homme avec une lanterne (Adrien van
Ostade) ; Paysage de Ruysdael. — *Ecoles flamande et*

allemande : Marine avec la villa Médicis de Rome (Cl. Lorrain); le Maître d'école (Gérard Dow.); Crucifiement, de Durer; Vierge, de Memling. — *Ecole française:* Batailles de Bourguignon ; François Ier à cheval, de Clouet. — *Ecole vénitienne*: Bataille entre les Vénitiens et les Impériaux (le Titien); Madone (id.); Jugement de Salomon (Giorgien). — La *salle des peintres* qui contient les portraits de presque tous les peintres peints par eux-mêmes, c'est une collection unique au monde. — *Salle de Baroche:* Madonna del Popolo; Vierge priant pour les pauvres, du Baroche ; Adoration des bergers (Gherardo delle Notti) ; Madone des douleurs (Sassoferrato). — *Salle de la Niobé :* groupes en marbre de Niobé et de ses sept fils et ses sept filles tués par les flèches d'Apollon et de Diane (trouvés près de la porte Saint-Paul à Rome, en 1583).

Près de cette salle se trouve un *corridor* mesurant près d'un kilomètre de longueur, et conduisant pardessus le fleuve de l'Arno, au *palais Pitti :* il est rempli de gravures et de dessins remarquables ; on en compte environ trente mille.

Le *palais Pitti* servit de résidence aux ducs de Florence à partir du xvie siècle. Il fut aussi la résidence du roi Victor-Emmanuel tant que Florence fut la capital du royaume. La *galerie de tableaux* est à l'étage supérieur : elle contient environ 500 toiles qui sont presque toutes des chefs-d'œuvre.

Nous quittons Florence vers trois heures de l'après-midi. Notre étape ne sera pas longue aujourd'hui puisque nous nous arrêtons à Pise. Après avoir quitté la gare et la ville, nous jetons un dernier coup d'œil, du chemin de fer, sur Florence et ses ravissants alentours, éclairés aujourd'hui par un magnifique soleil. La voie parcourt la vallée de l'Arno, bien cultivée, et traverse le fleuve avant *Montelupo*. Nous avons déjà en vue les monts Pisans, et bientôt nous débarquons à la gare de *Pise*.

Il n'y a guère à Pise de vraiment intéressant que la place du Dôme, avec le baptistère, la fameuse tour penchée et le campo-sancto. Ces quatre monuments sont réunis à l'extrémité de la ville. Comme le jour n'est pas encore complètement tombé à notre arrivée, je profite de ses dernières clartés pour aller jeter un premier coup d'œil sur ces monuments que je verrai demain plus en détail. Puis je fais un tour dans la ville, qui ne présente guère d'animation. Pise est aujourd'hui une ville un peu morte, bien qu'elle ait autrefois joué un certain rôle dans l'histoire. Devenue colonie romaine en 180 av. J.-C, elle était, au xi° siècle de notre ère, une ville maritime importante et luttait contre Gênes et Venise. Au xii° et xiii° siècle sa puissance arrive à son apogée ; puis elle diminue peu à peu. et la ville est vendue à Florence au xv° siècle. — Elle était, au xiii°, le centre artistique de l'Italie. Nicolas Pisano y fut plus tard le promoteur de la renaissance des arts ; toutefois, elle n'a jamais brillé qu'au second rang pour la peinture, et ce sont les artistes florentins qui ont orné son beau campo-santo. On compte aujourd'hui à Pise environ 50,000 habitants.

La soirée que nous avons passée dans cette ville a été égayée par une petite récréation musicale que nous avons improvisée entre nous, après dîner, au salon de l'hôtel royal de la Grande-Bretagne. Le succès de cette petite soirée nous a fait regretter de n'avoir pas pensé plus tôt à passer aussi agréablement nos après-dîners quand il n'y avait pas de sortie intéressante à faire. Ma chambre donne sur le quai de l'Arno, et c'est au bruit de son cours, rendu très impétueux par les dernières pluies, que, selon l'expression de Boileau, je ferme l'œil et m'endors.

Le lendemain, au petit jour, je célébrai la sainte
Messe à la *cathédrale* (*il Duomo*) que je visitai ensuite
en détail. Commencée en 1063, et consacrée en 1118
par le Pape Gélase II, cette basilique se compose de
cinq nefs, avec transepts qui ont eux-mêmes trois
nefs : c'est le seul monument que je connaisse avec
un transept à triple nef. Une coupole en forme elliptique surmonte le monument construit entièrement en
marbre blanc. La façade avec ses quatre galeries de
colonnettes superposées, fait un magnifique effet. Les
portes actuelles, en bronze, datent du xvii° siècle, et sont
l'œuvre de Jean de Bologne. — L'intérieur est vraiment
grandiose, avec ses cinq nefs et ses soixante-huit colonnes grecques et romaines que les Pisans avaient rapportées de leurs expéditions ; mais les chapiteaux sont
presque tous en plâtre. — Dans la nef centrale, je remarque surtout les lions et les évangélistes de la chaire
par Jean Pisano et au dernier pilier à droite, une
sainte Agnès d'Andrea del Sarto. Il faut citer aussi,
au moins pour mémoire, la grande lampe suspendue,
en bronze, dont les oscillations, paraît-il, auraient
donné à Galilée l'idée que la terre doit tourner sur
elle-même.

Dans le transept droit, près de la porte, beau béni-
tier, surmonté d'une Vierge avec l'enfant Jésus dont
le modèle est de Michel-Ange.

Dans le chœur, il faut remarquer : les belles stalles
en marqueterie, des anges en bronze et le Christ de
l'autel, de Jean de Bologne, le sacrifice d'Abraham et
une mise au Tombeau, tableau d'Andrea del Sarto.

Le *baptistère*, situé en face de la cathédrale, a été
bâti de 1153 à 1278, mais il porte des ornements gothiques du xiv° siècle. Il est également en marbre blanc,

de forme circulaire, avec double galerie de colonnettes à l'extérieur. A l'intérieur, se trouve une remarquable chaire hexagone, d'un travail exquis, reposant sur sept colonnes, et ornée de beaux bas-reliefs de Nicolas Pisano. Elle date du xiiie siècle.

Le *campanile de Pise* est le monument de cette ville le plus connu de tous sous le nom de *tour penchée de Pise*. Bâtie de 1174 à 1350, il se compose de huit étages, avec six galeries de colonnettes à l'extérieur, et son inclinaison lui donne un étrange aspect. Cette inclinaison est de 4 mètres 30 sur une hauteur de 54 mètres 50, et Galilée en profita pour faire des expériences sur la chûte des corps. On ne sait pas si elle a été construite ainsi penchée, ou si son inclinaison ne viendrait pas d'un affaissement de terrain. Beaucoup penchent vers cette seconde opinion ; mais l'examen attentif de la tour, de la manière dont l'intérieur est relié aux galeries extérieures de colonnettes, et aussi du terrain sur lequel elle repose, font au contraire supposer qu'on l'a construite avec sa déviation. — Je suis monté jusqu'au sommet d'où l'on jouit d'une très belle vue sur toute la vallée de l'Arno, avec les montagnes à l'est et la mer Méditerranée à l'ouest. — Il y a en haut du campanile, sept cloches dont la plus grosse pèse 12,000 kilogr.

Enfin, nous allons visiter le *Campo-Santo*, qui date de la fin du xiie siècle. Il paraît qu'on y apporta cinquante-trois navires de terre sainte provenant du Calvaire. Il est entouré d'un immense portique composé de soixante-deux arcades en plein cintre. Les murs en sont couverts de peintures à fresques dont voici les principales : sur le mur du sud, le Triomphe de la Mort, et un Jugement dernier dont on ne connait pas les auteurs ; sur le mur du nord, plusieurs scènes de l'ancien Testament, chefs-d'œuvre de Gozzali de

Florence ; la plus connue est l'Ivresse de Noë : remarquer surtout la femme qui regarde le Patriarche et qu'on appelle la *Vergognosa di Pisa*. — Il y a aussi des sculptures remarquables parmi lesquelles je cite seulement : côté nord, le Tombeau du médecin oculiste André Vacca, par Thorvaldsen, et dont le sujet est le jeune Tobie rendant la vue à son père ; côté ouest, une Madone, malheureusement mutilée, de J. Pisano. — On voit de ce même côté, suspendues au mur, les chaînes du port de Pise, prises par les Génois en 1362, et rendues à la ville en 1860.

Après avoir visité ces quatre monuments qui font de la *piazza del Duomo* de Pise, une place vraiment fort curieuse, je reviens par la *place des Cavaliers*, où s'élève la statue du grand-duc Cosme, dont le dessin est de Jean de Bologne. C'est sur cette place que s'élevait autrefois la fameuse *tour de la Faim*, dans laquelle l'archevêque Roger en 1288, laissa mourir de faim, sous prétexte de trahison, le comte Ugolin dei Gherarderchi avec ses fils et ses neveux, comme le raconte le Dante (*Inferno*, e XXXIII.) — Sur cette place se trouve l'*église San-Stefano-ai-Cavaglieri*, qui date du XVᵉ siècle, et dans laquelle j'ai seulement remarqué, sur l'autel de la deuxième chapelle à gauche, une Nativité de Notre-Seigneur, par Alexandre Allori, avec cette inscription : *Quem genuit adoravit* ».

Il faut aussi mentionner le gracieux sanctuaire de *Santa Maria della spina*, tout en marbre blanc, construit en 1230 dans le style gothique français, sur le quai de la rive gauche de l'Arno, contre le fleuve qui en baigne le pied. Son nom lui vient d'une épine de la sainte Couronne qu'on y vénérait autrefois.

Nous quittons Pise vers midi. Nous franchissons presque immédiatement l'Arno, puis nous avons une dernière vue de la place du Dôme : nous disons un

dernier adieu à ses quatre intéressants monuments.
Bientôt la voie nous rapproche du bord de la mer. La
contrée reste très plate, elle paraît fertile et bien cultivée. Voici *Carrare*, célèbre par ses carrières de
marbre qui occupent six mille ouvriers. Après la station d'*Avenza*, on voit sur la droite ces carrières qui
se trouvent au milieu des montagnes. et sur la gauche,
on aperçoit le golfe de *Spezia* Cette ville (11,000 habitants) se trouve dans un site charmant entre deux
rochers couronnés de forts, car Spezia est le principal
port militaire de l'Italie. Nous continuons de jouir d'une
vue splendide sur la *Méditerranée* à gauche, les montagnes et les plantations d'oliviers, d'orangers, etc., à
droite, malheureusement, ces vues admirables sont à
chaque instant interrompues par les nombreux tunnels
sous lesquels nous passons. Depuis Spezia jusqu'à
Gênes, il y a en effet 91 kilomètres et quatre-vingt-
neuf tunnels. Nous passons successivement aux gares
de *Sestri-Levante, Chiavari, Rapollo Nervi* dans sa forêt
de citronnier. Toutes ces villes sont charmantes, pittoresquement situées, et ornées de maisons peintes
comme celles de Gênes. Il y a aussi de nombreuses villas, avec leurs jardins plantés de palmiers et d'orangers. Vers quatre heures, nous arrivons à *Gênes*.

Cette ville, très ancienne, capitale de la Ligurie,
était déjà célèbre par son commerce dans les temps les
plus reculés. Constituée en république, elle prit part
aux Croisades, et après une longue période de puissance et de luttes fut réunie en 1815 au Piémont.
C'est la première ville de commerce de l'Italie. Gênes
s'est toujours montrée très fidèle à la religion catho-
lique, et surtout au culte de la Mère de Dieu. C'est
aujourd'hui une ville de 180,000 habitants, que ses
nombreux palais en marbre, et son site admirable ont
fait nommer *Gênes la Superbe*. Ses plus belles rues et

places sont. à partir de la gare : *via Balbi*, près de l'*Annunziata*, *via Nuovissimo*, *via Nuova*, *piazza delli Fontane morose; via Carlo Felice*, *piazza S.-Dominico*, *piazza Nuova*, et *via San-Lorenzo* qui descend sur le port. Pour avoir une belle vue de la ville bâtie en amphithéâtre, il suffit d'aller à l'extrémité du *Mollo Vecchio*.

Les églises de Gênes n'offrent rien de bien particulièrement intéressant, ni comme architecture, ni comme œuvres d'art. Je n'ai d'ailleurs visité que les deux suivantes, qui sont les principales :

San Lorenzo, la *Cathédrale*, construite en 1100, mais restaurée plusieurs fois, de sorte qu'on y rencontre du roman, du gothique français et du style de la renaissance. La façade est en marbre blanc à assises alternativement blanches et noires. Les pieds droits du portail sont ornés de bas-reliefs du xiii° siècle représentant l'histoire de la jeunesse de Notre-Seigneur; le tympan est de la même époque. Les portails latéraux sont du xii° siècle. — L'intérieur est à trois nefs voûtées en berceau, avec coupole. Je remarque surtout la deuxième chapelle à gauche, dédiée à saint Jean-Baptiste, avec un tombeau du xiii° siècle renfermant des reliques de ce saint. — Dans la sacristie, on conserve un beau vase qui aurait servi à Notre-Seigneur à la Cène, et dans lequel Joseph d'Arimathie aurait recueilli le sang du Sauveur. Il est en verre d'émeraude, et fut rapporté de Césarée par les Génois pendant les Croisades.

L'Annunziata du xvi° siècle, avec portique soutenu par des colonnes en marbre. La façade est inachevée. L'intérieur est magnifique comme richesse de décoration. C'est une croix latine à trois nefs, avec voûte en berceau et coupole. Les nefs sont séparées par douze très belles colonnes cannelées, en marbre rouge incrusté de blanc. Les dorures, peintures et tableaux qui ornent cette église, en font certainement la plus belle de Gênes, et peut-être une des plus belles que nous ayons vues en Italie. — Au-dessus de la porte d'entrée, il y a une belle cène, de Jules César Procaccino.

Non loin de cette église, près de la gare, sur la *piazza Acqueverde*, s'élève le beau *monument de Christophe Colomb* avec sa statue. Le célèbre navigateur est représenté appuyé sur une ancre, et l'Amérique à ses genoux. Autour sont les statues allégoriques de la Religion, de la Science, de la Force et de la Sagesse. Le piédestal est orné de bas-reliefs représentant l'histoire de Christophe Colomb. On y lit cette simple inscription: « A Cristoforo Colombo, la patrie. »

Je n'ai pu visiter l'intérieur du beau palais de Gênes, mais je puis citer ceux dont l'extérieur est le plus frappant. Près de la gare, il y a le grand *palais Doria*, construit en 1529 par le doge André Doria, surnommé le père de la patrie. Les plus célèbres sont ensuite les uns à côté des autres, et rivalisent de beauté, dans une rue qu'Adrien Balbi appelait pour cela la plus belle rue du monde, c'est la *via Nuova*, aujourd'hui *via Garibaldi* (toujours ce nom! mais je le conçois mieux ici qu'à Lorette). Il y a là le *palais Durazzo*, le *palais Rosso*, où l'on admire de magnifiques peintures à fresques, plus loin le grandiose *palais Tursi-Doria*, aujourd'hui *palazzo Municipale*, le *palais Serra;* puis, après la place des Fontanes-Morose, le *palais Pallavicini;* et enfin, sur la piazza Nuova, le magnifique *palais Ducal*, tout en marbre blanc.

La plus grande curiosité de Gênes est maintenant son fameux *Campo-Santo*, qui ne date que de 1867. Il est malheureusement assez loin de la ville, ce qui fait qu'on est obligé de sacrifier un peu la visite de celle-ci pour le visiter, quand on a pas beaucoup de temps à soi. Nous prenons pourtant, pour y aller, un chemin qui n'est pas le plus court, mais qui nous permet de voir en route, le grandiose *Albergo dei Poveri*, monument splendide élévé par les Gênois pour être la demeure des pauvres. C'est un immense édifice, orné de statues et de marbres, paraissant plutôt destiné à une demeure royale qu'à un hospice pour les indigents. La façade est ornée d'une grande peinture à fresque de Jean-Baptiste Carlone. — Nous traversons aussi la belle promenade de l'*Acqua Sola* et de la *Villa Negro*.

Le *Campo-Santo* de Gênes se compose d'un très grand portique entourant un cimetière découvert. Sous le portique se trouvent les principales sépultures ornées de monuments en marbre blanc plus ou moins riches. On y trouve de magnifiques statues un peu dans le genre de celles que nous avons vues à Milan, mais plus riches encore, et surtout respirant en général un caractère plus chrétien. Du reste. tout est moderne, puisque le cimetière est de création récente, mais on y peut constater que l'art de la statuaire n'est pas mort en Italie avec les Michel-Ange, les Jean de Bologne et les Canova.

Vers une heure de l'après-midi, nous disons adieu à *Gênes la Superbe*, et nous montons en wagon pour n'en descendre qu'en France. Malgré toutes les beautés dont nous avons joui sur ce sol de l'Italie, nous éprouvons une certaine satisfaction à rentrer dans notre pays que nous avons quitté depuis trois semaines. Jusqu'à Nice et au-delà, nous allons continuer d'admirer cette ravissante route de la *Corniche*, qui nous sera encore ravie de temps en temps par de malencontreux tunnels, mais moins fréquents pourtant qu'au-delà de Gênes. — A 26 kilomètres de cette ville, se trouve la petite station de *Cogoleto*, qui, paraît-il, serait la véritable patrie de Christophe Colomb. — La voie longe toujours la côte de très près, et la Méditer-

ranée vient souvent rouler ses petites vagues jusqu'au
pied de la chaussée sur laquelle nous avançons. Nous
rencontrons successivement:

Savone (20,000 habitants) port animé, situé au milieu de plantations de citronniers et d'orangers. C'est
la patrie de Sixte Quint et de Jules II. Le pape Pie VII
y fut quelque temps retenu prisonnier. En quittant
cette station, nous avons sous les yeux un magnifique
paysage, avec une dernière vue de toute la côte de
Gênes. Sur notre droite, forêt d'oliviers.

San Remo (11,000 habitants) avec ses splendides hôtels et ses charmantes et nombreuses villas plantées de
palmiers, d'orangers, d'aloès, etc., qui en font une
magnifique résidence. Dans la ville, on remarque que
les maisons sont reliées entre elles, par-dessus les
ruelles, par de hautes arcades destinées à protéger les
habitations contre les secousses occasionnées assez
fréquemment dans ces parages par les tremblements
de terre. — San Remo est en ce moment la résidence
du kronprinz d'Allemagne, atteint d'une maladie du
larynx qui lui rend nécessaire le climat de ces ravissantes contrées.

Ventimiglia (*Vintimille*), dernière ville italienne avant
la frontière, et siège de la douane. Nous subissons
pour la seconde fois cette formalité fort ennuyeuse, mais
je dois dire à la louange des douanniers qu'ils ont été
envers nous d'une amabilité assez rare, paraît-il. Nous
remettons ici nos montres à l'heure de Paris.

Menton. Nous sommes en France. Cette petite ville
située au fond du golfe qui porte son nom, est abritée
du vent du nord par de hauts rochers, ce qui fait que
son climat est excessivement tempéré, 1 ou 2 degrés
plus chaud qu'à Nice. Les environs et les villas sont
plantés de citronniers, d'orangers, de caroubiers, de

palmiers, de figuiers, d'oliviers qui en rendent le séjour fort agréable.

Monte-Carlo, trop célèbre par ses jeux et les suicides qui en sont la suite.

Monaco, très coquettement situé en amphithéâtre sur un rocher qui s'avance dans la mer. Enfin voici :

Nice, admirablement située dans la baie des Anges, en plein midi, ce qui en fait une station d'hiver très fréquentée.

Nous avons fort peu de temps à passer à Nice, nous y arrivons le soir et nous repartons le lendemain de bonne heure. Mais il fait une si ravissante soirée, et la lune dans son plein nous donne une si belle lumière que nous pouvons parfaitement jouir de la magnifique *promenade des Anglais*, qui se prolonge de deux kilomètres sur le bord de la mer.

Mardi 29 novembre.

Néanmoins, je tenais à revoir cette splendide promenade le lendemain matin au jour. Aussi, à six heures et demie, je venais y contempler un lever de soleil ravissant sur les eaux si calmes de la Méditerranée. Je parcours une dernière fois la *promenade des Anglais*, celle des *jardins publics*, avec ses énormes palmiers, *la place Masséna;* mais l'heure du départ me chasse vers la gare, et bientôt nous voilà partis pour Marseille.

Pendant quelque temps, le parcours est encore magnifique, et nous pouvons jeter un coup d'œil sur plusieurs petites villes fort intéressantes :

Antibes, avec sa vue incomparable sur la mer, le golfe et la ville de Nice, et couronnée par la chaîne des Alpes.

Cannes, dont les environs sont couverts de nombreuses villas et d'une splendide végétation.

Saint-Raphaël, dans un site magnifique. C'est en cet

endroit que Napoléon Ier débarqua à son retour d'Égypte, le 9 octobre 1799, et qu'il se rembarqua pour l'île d'Elbe, le 28 avril 1814.

Fréjus, fondée par Jules César, sur une éminence dominant la mer, et dont nous regrettons de ne pouvoir visiter les ruines intéressantes.

Nous quittons ensuite le bord de la mer, et nous voyageons dans une plaine beaucoup moins pittoresque, puis nous arrivons à *Toulon*. Le peu de temps que nous nous sommes arrêtés à la gare nous a suffi pour visiter le *port* et avoir une idée de la ville.

Vers deux heures nous sommes à *Marseille*. Nous traversons la ville pour aller faire immédiatement notre pèlerinage à *Notre-Dame-de-la-Garde*, sanctuaire moderne bâti en style byzantin. On jouit, du haut de cette colline, de la plus belle vue sur la ville, le port, la mer et les environs. Après avoir satisfait ma dévotion aux pieds de Marie, je redescends pour visiter une partie de la ville, le port la *Cathédrale*. Ce dernier édifice n'est pas encore achevé ni livré au culte : il est aussi construit dans un style byzantin, qui en rend l'architecture un peu lourde, malgré la richesse des ornements et des détails. — Le *port* est très animé et rempli de matelots de toutes nations. De là, par la grande et belle *rue de la République*, je regagne mon hôtel, situé sur la fameuse *Cannebière*. Cette rue, l'orgueil de Marseille, descend au port de ce nom. Elle est vraiment digne d'une grande ville ; et le soir, elle présente une animation et une illumination qui rappellent un peu les boulevards de Paris.

Mercredi 30 novembre.

Nous quittons de bonne heure la capitale de la Provence, pour Lyon. La route n'est guère intéressante,

elle suit la vallée du *Rhône* qui descend vers la mer
d'autant plus majestueux que les dernières pluies ont
grossi son cours et même occasionné des débordements
en maints endroits. Nous passons successivement :

Arles, avec son célèbre amphithéâtre que nous ne
pouvons visiter ;

Tarascon, la fameuse patrie qu'Alphonse Daudet a
donné à son non moins fameux Tartarin, dans lequel
il a si finement incarné l'esprit marseillais ;

Avignon, avec son Palais des Papes et son fameux
pont.

Vienne, avec son temple d'Auguste et de Livie, dont
la construction date du IIe siècle de notre ère.

C'est à la nuit tombante que nous arrivons à *Lyon* .
Logés sur la magnifique *Place Bellecour*, sur laquelle
s'élève la *statue de Louis XIV*, j'en parcours le soir
même les environs ainsi que la grande et belle *rue de
la République*.

Jeudi 1er Décembre

Le lendemain de bonne heure j'avais traversé la
Saône sur le *pont de Tilsitt* ou de l'*Archevêché*, et je
célébrais la sainte Messe à la *Cathédrale* ou *église pri-
matiale de Saint-Jean*. C'est un édifice construit du
XIIe au XVe siècle, dans le style gothique, mais man-
quant d'ampleur et d'élévation. A l'intérieur, on voit
quelques beaux vitraux du XIVe siècle, et deux Croix
placées de chaque côté de l'autel, en souvenir du Concile général qui y fut tenu en 1274. La Cathédrale est
bâtie au pied du *côteau de Fourvière*. Après la Messe,
je prends le chemin de fer funiculaire, et je retrouve
là-haut tous les pèlerins convoqués à la Messe de Mon-
seigneur, pour terminer à Fourvière, aux pieds de
Notre-Dame, ce grand Pèlerinage qui a duré près de
quatre semaines. L'église dans laquelle nous sommes
réunis a été récemment rebâtie, mais le Pèlerinage

est un des plus anciens de France. Il y vient chaque
année environ un million de pèlerins.

Dans une chaleureuse allocution, Mgr Germain rappelle tous les pieux sanctuaires que nous avons visités ;
il remercie, au nom de tous, le bon Dieu et la Sainte
Vierge de nous avoir tous maintenus en bonne santé
pendant ce long et fatiguant voyage, et nous donne à
tous rendez-vous pour ce grand et dernier Pèlerinage
qui a le Ciel pour but.

Du haut du côteau de Fourvière, on jouit d'une vue
magnifique sur toute la ville et sur la région à une
grande distance. On peut même y découvrir le mont
Blanc par un beau temps ; mais la pluie de la veille a
rempli toute la vallée de brume, et notre horizon ne
s'étend guère au-delà de la ville, Nous sommes au
1er décembre et nous nous apercevons que nous avons
quitté le ciel de Nice et d'Italie ; car la bise, qui souffle
ici, nous empêche par raison de prudence de contempler plus longtemps le panorama.

A onze heures, nous remontons en wagon, et nous
filons rapidement sur Paris. Après avoir traversé les
beaux et célèbres vignobles bourguignons de *Mâcon
Pommard*, *Volney*, *Beaune*, *Nuits*, *Vougeod*, nous arrivons à *Dijon*. Un arrêt de quelque temps me permet d'aller jeter un coup d'œil sur la *Catédrale de Saint-Béni-
gne* : mais elle est en grande partie fermée par des
planches pour une grande réparation. Je constate seulement qu'elle offre une architecture mélangée, et assez
peu digne d'intérêt. Je regrette que le temps ne me
permette pas d'entrer à l'Évêché pour y saluer Mgr Le-
cot. Quelques minutes après nous partions pour Paris,
où nous arrivions enfin vers minuit.

Ce n'est pas sans un certain regret que l'on se quitte
après avoir vécu ensemble de cette douce et agréable
vie de famille pendant près de quatre semaines. Pour

moi, je garderai précieusement le souvenir, non seulement de tout ce que j'ai vu et admiré dans ce beau voyage, mais aussi de l'affection que plusieurs de mes compagnons de pèlerinage ont bien voulu me témoigner ; c'est surtout ce dernier souvenir que j'aimerai toujours à me rappeler et qui me sera le plus agréable :

« ... Forsan et hœc olim meminissa juvabit. »

TABLE ALPHABÉTIQUE

—

ROME (suite)

Tours, imp. DESLIS Frères, rue Gambetta 6.